中国道路运输发展报告

National Report on Road Transport Development

(2019)

中 华 人 民 共 和 国 交 通 运 输 部　编

人民交通出版社股份有限公司

北京

内 容 提 要

本报告反映了2019年度中国道路运输发展状况，记录了行业发展轨迹，盘点了行业发展重大事项，展示了行业发展成就。报告从行业发展概览、各子行业发展状况及年度关注热点3个视角进行阐述，分为三篇，共十三章，内容涵盖了新中国成立以来道路运输业70年发展综述、道路运输业发展环境、道路运输业相关政策、道路旅客运输、道路货物运输、道路运输相关业务、国际道路运输等道路运输业务领域，还包含了服务支撑打好三大攻坚战、服务支撑区域协调发展战略、稳步推进运输服务高质量发展、提升便民利民惠民水平、推动行业安全稳定发展、提升行业治理能力等2019年度行业重点领域的发展情况。本报告既可为道路运输相关行业管理和政府决策提供参考，也可为企业发展提供借鉴，是社会各界了解中国道路运输行业状况的权威读物。

Abstract

This report illustrates the state of development of China's road transport in 2019, which objectively shows the developmental level and achievements of the industry. Specifically, this report consists of overall 13 chapters in 3 parts, which covers not only the overview of 70 years development of road transport industry since the establishment of the P.R.C, environment impact and related policies, road transport sections of passenger transport, freight transport, related industry and international road transport, but also the annual hot topics including supporting three tough battles, implementing regional coordinative development strategy, promoting high-quality development of transportation services, improving travel convenience, promoting safe and stable development of industry, improving industry governance capacity. This report could support and assist the road transport policy-making process and the administration for the industry. It could also be the references for the development of enterprises. It is highly recommended that this report could be the authoritative guide of China's road transport.

图书在版编目（CIP）数据

中国道路运输发展报告 .2019/ 中华人民共和国交通运输部编 .—北京：人民交通出版社股份有限公司，2020.6

ISBN 978-7-114-16562-7

Ⅰ . ①中…　Ⅱ . ①中…　Ⅲ . ①公路运输发展—调查报告—中国—2019　Ⅳ . ① F542.3

中国版本图书馆 CIP 数据核字 (2020) 第 082055 号

Zhongguo Daolu Yunshu Fazhan Baogao（2019）

书　　名：中国道路运输发展报告（2019）
著 作 者：中华人民共和国交通运输部
责任编辑：刘　博　姚　旭
责任校对：赵媛媛
责任印制：刘高彤
出版发行：人民交通出版社股份有限公司
地　　址：（100011）北京市朝阳区安定门外外馆斜街 3 号
网　　址：http://www.ccpress.com.cn
销售电话：（010）59757973
总 经 销：人民交通出版社股份有限公司发行部
经　　销：各地新华书店
印　　刷：北京虎彩文化传播有限公司
开　　本：880 × 1230　1/16
印　　张：8.75
字　　数：269 千
版　　次：2020 年 6 月　第 1 版
印　　次：2020 年 6 月　第 1 次印刷
书　　号：ISBN 978-7-114-16562-7
定　　价：100.00 元
（有印刷、装订质量问题的图书由本公司负责调换）

编委会

编写领导小组

编委会

编 写 组

编写说明

本报告由交通运输部运输服务司、交通运输部规划研究院组织编写，交通运输部规划研究院综合运输研究所承担具体编写工作。

本报告综合篇由杨丁丁负责，行业篇由甘家华、王楠、刘延青、成倩倩负责，专题篇由陈波莅、刘勇凤、李云汉、魏永存、杨春雷负责。本报告由刘佳昆统稿，文中数据校核由刘佳昆、刘延青、王楠、王望雄、陈建华、陈岩、宋晓丽完成，附录编撰由刘佳昆、王楠、刘延青、陈海燕完成，插图绘制由各章节负责人完成。交通运输部运输服务司马明、李旭辉、何明、张鹏、孟文戟、吕亚军、李良华、杨远舟、朱超、唐俊忠等参与了本报告的审稿工作并提出了修改意见。

本报告所使用的案例素材均来自交通运输部运输服务司、交通运输部综合规划司、交通运输部规划研究院、中国道路运输协会及地方交通运输主管部门。除特别注明外，本报告所使用的统计数据分别来源于2015—2019年道路运输统计资料汇编以及国家统计局、交通运输部综合规划司、交通运输部运输服务司、交通运输部科学研究院等机构和部门发布的统计资料。

本报告中有关道路运输政策的内容，以及对部分现行法律、法规和政策的综述和解读，可以作为了解中国道路运输发展政策的线索。读者必要时应查阅使用相关正式文件。

涉及城市公共汽电车、出租汽车、轨道交通运营、汽车租赁的详细内容，见交通运输部另行发布的《中国城市客运发展报告》。本报告内容不含中国香港特别行政区、澳门特别行政区和台湾省的情况。

主要指标解释及说明

一、公路里程

公路里程指报告期末公路的实际长度。按已竣工验收或交付使用的实际里程计算，不含在建和未正式投入使用的公路里程。

二、道路运输经营业户

道路运输经营业户按道路运输经营许可证中核定的经营范围进行分类统计汇总。

三、道路营运车辆

道路营运车辆根据各省道路运输管理机构登记的车辆资料整理，由各省（自治区、直辖市）交通运输厅（局、委）提供。

四、道路运输量和周转量

道路运输量是通过抽样调查的方法，按运输工具经营权和到达量进行统计，范围包括在全国注册从事道路客货运输的全部企业和个人。道路运输量和周转量不包含城市公共汽电车和出租汽车在公路上的运量。

五、全国民用车辆拥有量

全国民用车辆拥有量指报告期末，在公安交通管理部门按照《机动车注册登记工作规范》，已注册登记领有民用车辆牌照的全部汽车数量。

六、国际道路运输量

国际道路运输量是由中、外双方国际道路运输经营者通过中国边境口岸完成的旅客、货物运输量。

七、数据

报告中部分数据合计数或相对数由于单位取舍不同而产生的计算误差，未做机械调整。

目 录

综 合 篇

行 业 篇

目　录

目　　录

CONTENTS

GENERAL INTRODUCTION

ROAD TRANSPORT SECTOR

CONTENTS

SPECIFIC TOPICS

CONTENTS

综合篇

GENERAL INTRODUCTION

第一章　新中国成立 70 周年道路运输业发展综述

2019 年是新中国成立 70 周年。70 年来，中国道路运输行业砥砺奋进、探索前行，取得了全方位、开创性的成就，发生了深层次、根本性的变革，走出了一条具有中国特色的道路运输发展道路，有力支撑了经济社会发展。

第一节　发展回顾

回顾 70 年来中国道路运输业的历史发展进程，行业经营规模从小到大、市场主体从弱到强、服务模式从旧到新，整体面貌发生了翻天覆地的深刻变化，取得了举世瞩目的发展成效，为经济社会发展提供了有力支撑，为人民群众安全便捷出行提供了坚强保障。总体来看，新中国成立 70 周年来道路运输行业发展经历了五个阶段。

第一阶段：发展起步、积极建设阶段（从 1949 年新中国成立到 1978 年党的十一届三中全会）

新中国成立之初，百废待兴，全国公路营运载客汽车拥有量仅 1.3 万辆，营运载货汽车拥有量仅 2.3 万辆，大量货运还需要依靠畜力和人力完成，提高运输能力成为当务之急。1949 年 9 月，中国人民政治协商会议通过《中华人民共和国中央人民政府组织法》，决定设立交通部，负责全国公路、内河和海洋交通运输等管理工作；同年 11 月，中央人民政府交通部在北京成立。第一次全国航务公路会议提出，要加快恢复生产，组织各种运输工具，提高运输能力。1950 年 5 月，交通部组建国营汽车运输总公司（后改为中国汽车运输总公司），次年改组成立运输局，作为交通部职能机构，主管全国公路运输工作。1954 年，交通部发布了《公路汽车运输规则》《公路汽车货物运输规则》和《汽车运输企业技术标准与技术经济定额》。1963—1965 年，交通部先后发布了《汽车运输试行条例（草案）》《汽车运输安全生产工作试行条例》《机动车驾驶员考试暂行规定》《汽车运输企业技术管理制度》等法规制度。1978 年，交通部召开全国交通工作会议，提出落实企业整顿工作，加快推进交通运输现代化进程。截至 1978 年底，全国公路营运载客汽车拥有量和营运载货汽车拥有量分别达到了 3.3 万辆和 14.8 万辆，分别是 1949 年的 2.6 倍和 6.5 倍。道路运输行业逐步成长，并不断发展壮大，基本建成了涵盖公路客运、货运、汽车维修、驾驶员管理、企业技术管理等比较完整的管理体系和以国有企业为主体的运输队伍，为巩固新生的人民政权、支持国家经济建设和社会发展作出了重要贡献，为后来的改革开放奠定了技术、物质和人才基础。

第二阶段：积极探索、放开搞活阶段（从 1978 年党的十一届三中全会到 1992 年党的十四大）

这一阶段，国家交通运输基础设施建设依然滞后、运输装备水平落后、运输保障能力不强，成为制约经济社会发展的瓶颈。为扭转被动局面，交通运输行业解放思想，开拓进取，在放开搞活道路运输市场、制订前瞻性交通发展规划方面，做了一系列开创性、基础性的探索。道路运输市场化是贯穿交通改革开放的一条主线，改革开放初期的放开搞活打开了市场化改革的大门，打破了所有制单一、封闭的交通运输经济格局。1983 年，交通部提出了“有河大家走船、有路大家行车”；1985 年，交通部又提出了“各部门、各行业、各地区一起干，国营、集体、个体以及各种运输工具一起上”；1986 年，交通部、国家经济贸易委员会印发了《公路运输管理暂行条例》；1987年，交通部印发了《公路运输汽车综合性能检测站管理暂行办法》，对促进公路运输事业向多层次、多渠道、多形式蓬勃发展起到了积极的推动作用。从此，我国道路运输行业突破了制度束缚，开放了运输市场，提倡多家经营、鼓励市场竞争，掀起了社会办运输的热潮，集体、个体、合资等运输业户纷纷涌入道路运输行业，有效缓解了运输供给紧张局面，道路运输开始走向蓬勃发展的新时期。

第三阶段：体制转轨、培育市场阶段（从1992年党的十四大到2002年党的十六大）

1992年，邓小平同志南方谈话，回答了困扰和束缚人民思想的许多重大认识问题，我国各行各业都掀起了新一轮思想解放运动。党的十四大明确提出，我国经济体制改革的目标是建立社会主义市场经济体制。为适应建立社会主义市场经济体制的需要，道路运输行业实行了推进市场建设、加快国有企业改革、加大对外开放力度等重大政策措施，积极培育和发展道路运输市场。1992年，交通部发布了《关于深化改革、扩大开放、加快交通发展的若干意见》，进一步加大交通运输改革开放力度。1995年，交通部发布了《关于加快培育和发展道路运输市场的若干意见》，通过健全运输法规，鼓励经营者自主经营、平等竞争，加快建立全国统一、开放、竞争、有序的道路运输市场体系。1998年，为应对亚洲金融危机，国家实施积极财政政策，交通运输行业乘势而上，道路运输发展迅猛，汽车更新换代步伐明显加快，保有量以平均每年两位数的速度增长。21世纪初，交通部门原有的很多运输企业经过改制、重组，实现了规模化经营和现代化管理，道路运输供给的紧张状况明显缓解，对国民经济的制约明显改善。

第四阶段：以人为本、科学发展阶段（从2002年党的十六大到2012年党的十八大）

党的十六大以来，党中央提出了科学发展观、构建社会主义和谐社会、建设社会主义新农村、建设创新型国家等一系列重大战略部署，为道路运输在新的历史发展阶段实现科学发展指明了方向。交通部党组根据“交通作为国民经济基础产业和服务性行业”的实际出发，明确提出要做好“三个服务”，即：服务国民经济和社会发展全局、服务社会主义新农村建设、服务人民群众安全便捷出行。道路运输系统坚决贯彻落实党中央、交通部党组的决策部署，统筹各方面关系，全面实施“路运并举”的工作方针，促进了道路运输业全面科学发展。2004年，国务院发布了《中华人民共和国道路运输条例》，并以此为上位法依据制定了一系列配套部门规章，道路运输行业法规体系逐步健全。2007年，交通部印发了《关于促进道路运输业又好又快发展的若干意见》，提出了34条促进行业发展的政策措施，坚持以发展为主题，以结构调整为主线，以满足需求为目标，道路运输业发展步入持续、快速、健康发展的轨道。2009年经国务院批准，组建了道路运输司，标志着我国道路运输行业进入发挥比较优势、发展综合运输体系的新阶段，掀开了我国道路运输业发展的新篇章。2011年，国务院办公厅印发了《关于进一步促进道路运输行业健康稳定发展的通知》，妥善应对成品油价格大幅波动对道路运输行业的影响，合理控制运力增长，维护市场正常竞争秩序，促进了道路运输行业健康稳定发展。

第五阶段：新常态新理念、转型升级阶段（从2012年党的十八大至今）

党的十八大以来，以习近平同志为核心的党中央高举中国特色社会主义伟大旗帜，统筹推进“五位一体”总体布局、协调推进“四个全面”战略布局，推出一系列重大战略举措，出台一系列重大方针政策，党和国家事业发生了历史性变革，中国特色社会主义进入了新的发展阶段。2019年9月，中共中央、国务院印发了《交通强国建设纲要》。建设交通强国是以习近平同志为核心的党中央立足国情、着眼全局、面向未来作出的重大战略决策，是新时代做好交通运输工作的总抓手。交通运输部党组紧紧围绕全面深化改革、供给侧结构性改革、“放管服”改革等重点工作任务，坚持创新、协调、绿色、开放、共享的发展理念，坚持高质量发展要求，充分发挥交通运输的先行官作用，切实在行动上先行了一步，能力上领先了一步。这一阶段，运输服务行业的地位和作用也发生了深刻变化，管理部门按照包容发展、审慎监管的理念，持续推进新业态与传统业态融合发展，转型升级步伐明显加快，道路运输行业发展的顶层制度设计不断完善，推动国务院层面制定出台了《国务院关于城市优先发展公共交通的指导意见》《国务院办公厅关于深化改革推进出租汽车行业健康发展的指导意见》《国务院办公厅关于保障城市轨道交通安全运行的意见》《国务院办公厅关于印发推进运输结构调整三年行动计划（2018—2020年）的通知》《国务院办公厅转发交通运输等部门关于加快道路货运行业转型升级促进高质量发展的意见》等，有效推进了新时代道路运输行业的高质量发展。

第二节　发展成就

新中国成立70年来，我国道路运输发展取得了举世瞩目的成就，为建设交通强国奠定了坚实基础。

一、道路基础设施建设取得巨大成就

截至2019年底，我国公路通车总里程达到501.25万公里，其中高速公路以14.96万公里的通车里程稳居世界之首。新中国成立70年来，我国公路通车总里程较1949年的8万公里增加了61.7倍，高速公路“从无到有”并覆盖超过97%的20万人口城市及地级行政中心，创造了世界公路史上的发展奇迹。此外，新中国成立70年来，我国桥梁、隧道建设实现了跨越式发展，截至2019年底，我国已建公路桥梁87.83万座、6063.46万米，已成为世界第一桥梁大国。我国公路隧道达到19067处、1896.66万米，隧道数量已位居世界第一。70年来交通基础设施的不断完善为道路运输服务能力水平加快提高奠定了坚实的支撑，运输服务规模不断扩大，服务设施逐步完善，服务品质持续提升。

二、运输服务和保障能力显著增强

客运方面，截至2019年底，全国公路客运量达到130.1亿人，旅客周转量达到8857.1亿人公里。全国客运站全年平均日发班次112.5万班次/日，全年平均日发送量1468.6万人/日，共开通客运班线15.6万条，线路发班次120.0万班次/日，道路客运的基础性兜底作用不断增强。全国乡镇和建制村通客车率分别达99.07%和99.04%，具备条件的乡镇和建制村通客车率分别达99.9%和99.8%，共有农村客运线路8.6万条，平均发送班次达到77.9万班次/日，城乡客运基本公共服务均等化水平提升。全国共建成道路客运站场41.2万个，其中，农村客运站场31.7万多个，道路客运站场体系日臻完善。近年来，各地涌现了一批“互联网+”道路客运等创新模式，提供“门到门”“点到点”的定制客运服务，有效满足了社会公众的个性化客运服务需求，道路客运转型升级步伐不断加快。货运方面，截至2019年底，全国共拥有载货汽车1087.8万辆，年完成货运量343.6亿吨，完成货物周转量59636.4亿吨公里。货运物流组织模式逐步优化，甩挂运输、多式联运、城市配送、农村物流等通过政策引导和试点示范得到了长足的发展。“互联网+高效物流”创新发展，网络平台货运模式降本增效成果明显。驾驶员培训方面，截至2019年底，全国共有机动车驾驶员培训机构2.0万所、教练员92.5万人、教学车辆79.8万辆。

三、行业科技创新能力大幅跃升

70 年来，我国道路运输科技水平从“一穷二白”起步，到以跟踪追赶为主，现在进入跟跑、并跑、领跑“三跑并存”的新阶段。陆续开展了公路甩挂运输、多式联运、道路运输系统规划、城市公共交通智能化建设、城市轨道交通运营与安全监测等道路运输关键技术研发，在先进物流组织、运输装备标准化和运输服务信息化等方面取得了一批创新性的成套关键技术，并落地实施。大数据、云计算、人工智能等技术和理念在综合交通领域广泛应用，自动驾驶技术、无人机、无人配送车辆等先进技术在道路运输各领域不断加大应用探索，网络预约出租汽车、共享单车、互联网物流等新业态蓬勃发展，为我国经济发展增添了新动能。

四、道路运输治理体系不断完善

统一开放、竞争有序的道路运输市场体系基本形成，道路运输治理体系建设逐步健全。道路运输管理机构改革稳步推进。紧紧围绕构建“明规矩于前，寓严管于中，施重惩于后”的全链条、闭环式的治理体系，积极推进《中华人民共和国道路运输条例》及配套规章的制修订工作，行业的法律法规体系不断完善。围绕构建综合运输服务体系，部级层面建立的综合运输春运工作机制、道路货运行业部际维稳协调机制、交通运输新业态协同监管部际联席会议制度、运输结构调整工作组等工作机制运行良好，初步形成了多种运输方式协同联动和跨部门协同治理格局。

五、道路运输对外开放合作不断扩大

我国道路运输领域不断深化与周边国家的区域交通合作，扩大与发达国家合作，密切与发展中国家的合作关系，充分利用区域合作平台，大力促进与周边国家的互联互通，加大参与国际组织事务的力度，行业对外开放水平和参与行业全球治理的能力不断提高，行业国际影响力和话语权持续提升。道路运输主管部门积极建立双边、多边合作机制，自 1991 年中国政府签订首个中外汽车运输协定以来，我国已与“一带一路”沿线 19 个国家签署了 17 个双边国际道路运输协定、5 个多边国际道路运输协定。我国在东北亚、中亚、东南亚和南亚四个方向，与有关国家建立了运输部长级、事务级会谈机制，各沿边省份交通运输部门也与接壤国家沿边地区建立了不定期会晤协商机制。我国国际道路运输走过了 20 多年的发展历程，国际道路运输日益成为支撑“一带一路”建设、助推区域经济合作的骨干力量。

第三节　发展经验

70 年来，在党中央、国务院的坚强领导下，道路运输行业实现了跨越式发展和历史性巨变，探索了具有中国特色社会主义的行业发展道路和实践经验。

一、坚持和加强党的全面领导

中国共产党的领导是中国特色社会主义最本质的特征，是中国特色社会主义制度的最大优势。正是因为始终坚持党的集中统一领导，不断加强和完善党的领导，不断适应实践、时代、人民的要求，道路运输业才能实现 70 年来的飞跃发展。要坚持把思想和行动统一到党中央的决策部署上来，把道路运输工作放

到党的事业全局中去谋划、部署和推进，筑牢道路运输事业健康发展的政治保证，确保始终沿着正确方向前进。

二、坚持以人民为中心的发展思想

道路运输发展关系国计民生、服务亿万群众，既是经济领域，也是重要的民生领域。从新中国成立之初起，道路运输行业始终坚持以人民为中心，以便民为根本，把服务人民作为出发点和落脚点，着力解决人民群众最关心、最直接、最现实的运输需求问题。道路运输条件的改善成为提升人民群众幸福感和获得感的重要内容，道路运输的服务性、基础性作用得到了群众的认可，行业发展得到了群众的真心拥护和支持。只有为了人民、依靠人民，才能使道路运输获得不竭的发展力量源泉，不断发展改革创新，更多地惠及全体人民。

三、坚持围绕中心服务大局

围绕中心、服务大局，是道路运输行业发挥基础性作用的关键所在，也是抓住机遇、发展壮大的关键所在。70 年来，道路运输行业坚持党的领导，全面贯彻落实党中央、国务院提出的一系列战略、方针和政策，抢抓机遇，当好先行，在服务大局、服务国家战略中推动了道路运输事业快速发展。站在新的历史起点上，道路运输行业还将继续发挥支持保障全局作用，围绕国家发展战略，更加有效践行行业使命。

四、坚持解放思想创新驱动

道路运输 70 年发展是一条不断解放思想创新发展的道路。道路运输行业始终坚持面向国家重大需求、面向国民经济发展需求，不断解放思想、改革创新。从“一穷二白”起步到跟踪追赶再到跟跑并跑，实施创新驱动发展战略，加强重大科技研发和创新能力建设，大力推动了道路运输科技进步，取得了丰硕的成果。创新成为改进道路运输服务，释放新需求、创造新供给的新动能，成为行业发展的重要引擎。

五、坚持把发展作为第一要务

70 年来道路运输业始终坚持问题导向，一直在回答为谁发展、向哪发展、如何发展的问题，牢牢把握行业面临的基本国情，紧紧把握社会主要矛盾，不断提高能力、加大供给、优化结构，经历了从“一穷二白”起步，到“瓶颈制约”“初步缓解”，再到“基本适应”经济社会发展需求的奋斗历程。行业率先放开市场，促进了运力发展，缓解了运输紧张状况。管理部门在行业发展中不断更新管理理念、手段、方式，转变职能，改进服务，提高效率，适应了不同时代形势下的发展需要，推动行业发展行稳致远。

第四节　未来工作重点

随着我国经济结构不断优化和人民生活水平快速提高，人们多样化、个性化的出行需求对道路运输提出了新要求和新期待，道路运输业已经进入以质量变革、效率变革、动力变革为主要内容的改革发展新时代。新时代道路运输行业应紧紧围绕交通强国建设的总目标，分析道路运输高质量发展面临的形势和要求，理清解决问题的思路，抓住发展的黄金时期，提高供给的质量和效率，走创新驱动的安全、便捷、高效、绿色、经济的高质量发展之路。

一、打造便捷舒适的出行服务体系

随着道路运输服务水平不断提升，人民群众出行由“走得了”向“走得好”升级发展，节假日综合运输服务保障能力显著提升，“互联网＋交通运输”快速发展，人民群众出行越来越便捷。要进一步坚持以人民为中心的发展思想，顺应客运服务均等化、便捷化、多样化要求，着力打造多层次、网络化、智能化、立体式客运服务网络，更好满足社会公众美好出行新期待。打造国际便捷出行、区际城际快速出行、城市高效出行、城乡客运一体化出行的多层次旅客出行服务系统，以公交都市创建等为载体，充分发挥城市公共交通在城市发展中的引领和带动作用，大力发展低碳、高效、便捷舒适的公共交通系统，打造慢行交通系统，加快推进建制村通客车，发挥城乡交通运输一体化示范县带动作用，提升“四好农村路”运输服务水平。

二、构建绿色高效的现代物流系统

构建便捷高效的物流网络，提升物流体系综合服务水平，有力保障货物的顺畅运输是道路运输行业的努力方向。不断优化货运物流发展环境，降低企业制度性交易成本，充分激发市场活力，加快货运转型升级步伐，促进物流业降本增效。发挥公路货运“门到门”优势，推进公铁、公水等多式联运发展，提高综合运输效率。以城市绿色货运配送示范工程创建为载体，促进城际干线运输和城市末端配送有机衔接，鼓励发展集约化城市配送模式，推动城市配送绿色发展。加快完善县、乡、村三级农村物流网络节点体系，推进农村物流节点“多站合一”，提高农村物流服务覆盖率和服务品质。推进冷链物流、危险品物流、电商物流等专业物流发展。

三、加强创新融合推进新旧动能转换

科技创新是推动道路运输持续发展的关键动力，融合发展将促进行业积极转型升级。进一步提升运输装备现代化水平，持续推进货运车型标准化专项行动，推进非标车型淘汰更新，提升运输车辆现代化水平。提升道路运输发展智能化水平，加快道路客运联网售票系统建设，推动货运信息资源综合利用和开放共享。深化运输服务与旅游业融合发展，完善道路客运枢纽旅游服务功能，大力发展道路旅游客运。促进运输服务与互联网融合发展，大力发展“互联网＋高效物流”，促进网络平台道路货物运输经营新业态健康发展；积极推进交通运输新业态健康稳定发展，规范发展网络预约出租汽车、互联网租赁自行车、小微型客车分时租赁、定制客运等新业态。推动运输服务与制造业融合发展，开展智能驾驶、无人驾驶、车路协同等技术研究，鼓励物流企业为制造企业量身提供供应链一体化服务。

四、深化改革提升现代治理能力

完善行业治理体系、提升现代治理能力，是道路运输高质量发展的重要保障。积极推动综合交通运输法、道路运输法等立法进程，加快《中华人民共和国道路运输条例》《城市公共交通管理条例》制修订，建立健全运输服务法规体系。深化“放管服”改革，不断优化货运物流发展环境，降低企业制度性交易成本，充分激发市场活力，加快货运转型升级步伐，促进物流业降本增效。构建以数字化监管为特征的新型监管机制，营造良好市场环境。健全运输服务领域公共决策机制，构建政府、市场、社会等多方共建共治共享的行业治理格局。

五、拓展合作完善国际运输体系

道路运输对外交流合作不断拓展深化，推动我国国际影响力和话语权不断提升。加快推进边境口岸汽车出入境运输中央财政事权和支出责任划分改革，理顺国际道路运输管理体制机制。充分发挥国家便利运输委员会机制作用，加快完善国际运输协定体系，完善国际双边与多边合作机制，加快国际便利化公约的研究和加入，全面拓展国际运输合作区域和范围，进一步扩大国际道路运输规模，巩固与西亚国家国际道路运输协定成果，拓展与中东欧国家国际道路运输通道辐射范围，增强与西欧国家国际道路运输通达能力。加快对接国际运输规则，深度参与国际标准制定，积极融入全球供应链体系。

第二章　道路运输业发展环境

2019 年，我国坚持稳中求进工作总基调，经济发展总体平稳、稳中有进，为道路运输业深化供给侧结构性改革、实现高质量发展创造了良好的外部环境。

第一节　经济运行

一、宏观经济发展态势良好

2019 年，我国着力推进经济社会高质量发展，国内生产总值[1] 达到 990865 亿元，同比增长 6.1%，增速在世界前五大经济体中居首位，经济总量稳居世界第二位。人均国内生产总值 70892 元，按年平均汇率折算达到 10276 美元，突破 1 万美元大关，同比增长 5.7%，经济迈向高质量发展。2015—2019 年国内生产总值及增长率，如图 2-1 所示。

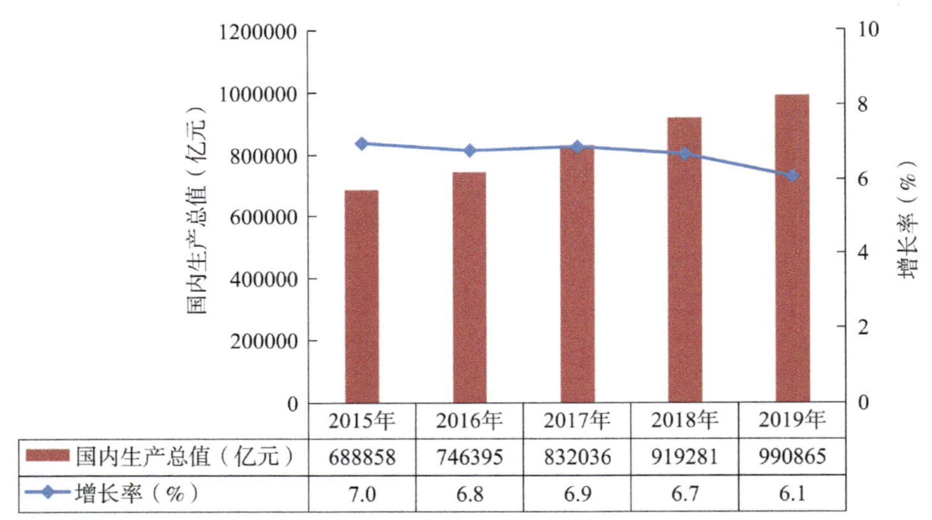

	2015年	2016年	2017年	2018年	2019年
国内生产总值（亿元）	688858	746395	832036	919281	990865
增长率（%）	7.0	6.8	6.9	6.7	6.1

图 2-1　2015—2019 年国内生产总值及增长率

我国经济稳中向好的发展态势，为行业结构优化和快速发展奠定了坚实基础。客运方面，2019 年，全社会完成营业性客运量 176.0 亿人，同比下降 1.9%；完成旅客周转量 35349.1 亿人公里，同比增长 3.3%，如图 2-2 所示。货运方面，2019 年，全社会完成营业性货运量[2] 462.2 亿吨，同比增长 4.8%；完成货物周转量 194044.56 亿吨公里，同比增长 3.4%，如图 2-3 所示。

❶ 国内生产总值、各产业增加值和人均国内生产总值绝对数按现价计算，增长速度按不变价格计算。

❷ 数据来自《2019 年交通运输行业发展统计公报》，货运量及货运周转量数据不包括管道运输，其中公路货运量统计口径有所调整，数据与 2018 年比按可比口径计算，图 2-3 中其余年份数据来自国家统计局。

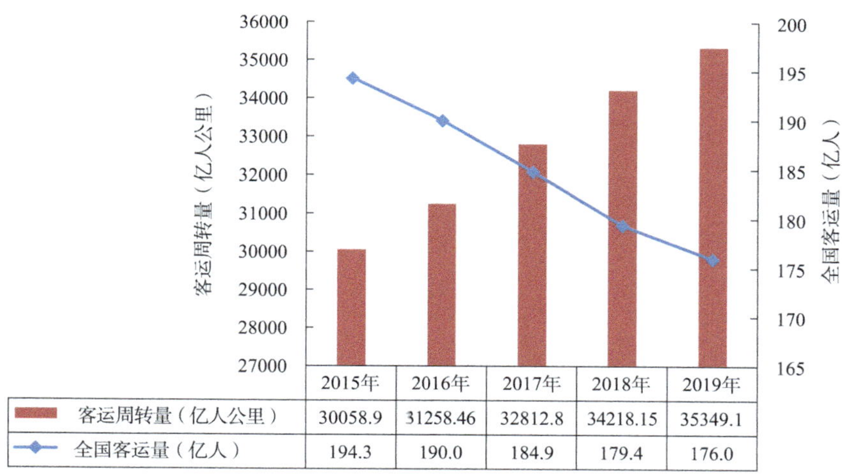

图 2-2　2015—2019 年全国客运量及客运周转量情况

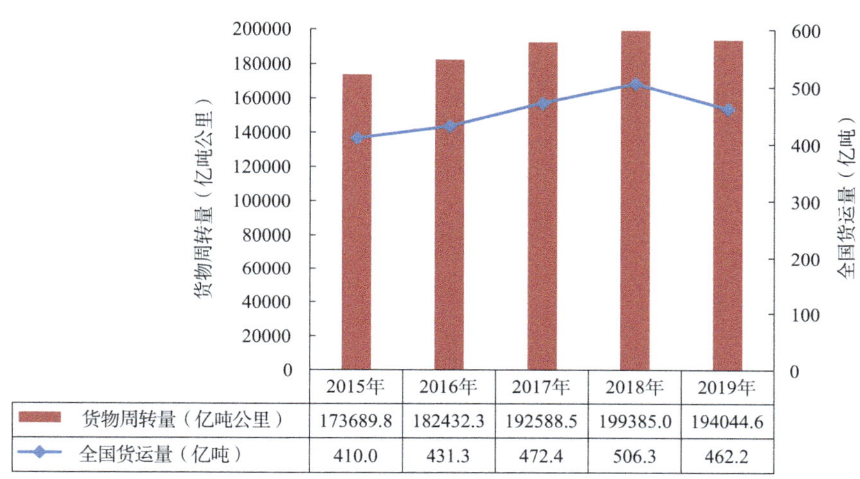

图 2-3　2015—2019 年全国货运量及货物周转量情况

二、经济结构调整持续深化

1. 产业结构

2019 年，我国经济发展质量稳步提升，产业结构不断优化。三次产业增加值占国内生产总值（GDP）的比例由 2015 年的 8.4：40.8：50.8 升级为 2019 年的 7.1：39.0：53.9，如图 2-4 所示。第三产业增加值占国内生产总值的比例为 53.9%，对国内生产总值增长的贡献率为 59.4%。战略性新兴产业、高技术制造业继续保持较快增长，支撑作用进一步增强，高技术制造业和战略性新兴产业增加值分别比 2018 年增长 8.8% 和 8.4%。随着产业结构的优化升级，为道路运输业转型升级、高质量发展提供了新的机遇。

2. 国内贸易

2019 年，我国消费品市场总量稳步扩大，最终消费支出对经济增长的贡献率为 57.8%，货物和服务净出口的贡献率为 11.0%。消费结构不断优化，消费升级趋势明显，网上零售继续保持快速增长。2019 年，全国网上零售额 106324 亿元，同比增长 16.5%，如图 2-5 所示。其中，实物商品网上零售额同比增长 19.5%，占社会消费品零售总额的比例为 20.7%，比 2018 年提高 2.3 个百分点。网上消费的迅速崛起，带动电商物流、快递快运、城市配送等保持高速增长。

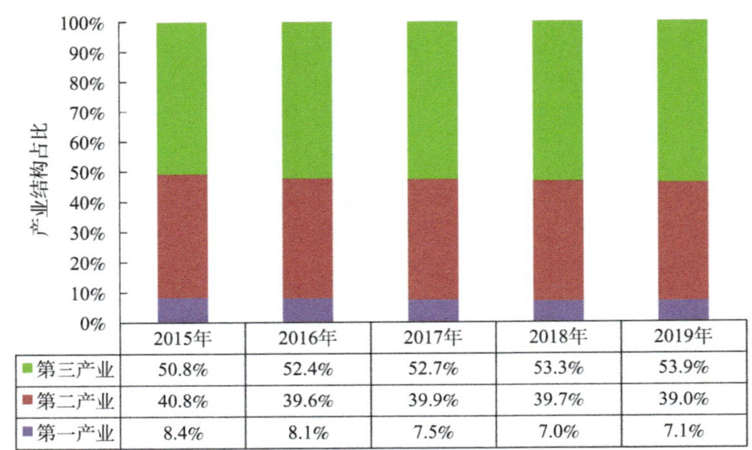

图 2-4　2015—2019 年全国产业结构变化情况

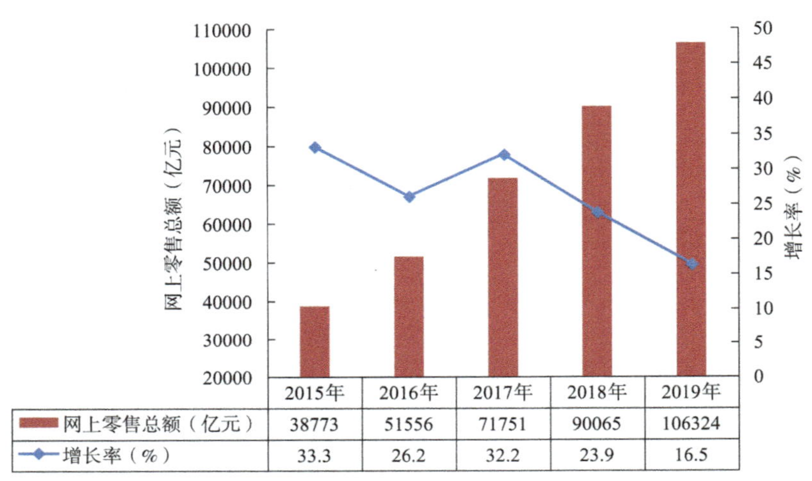

图 2-5　2015—2019 年全国网上零售总额及增长率

3. 固定资产投资

2019 年，我国全年固定资产投资完成 560874.0 亿元，同比增长 5.1%；全国交通固定资产投资完成 32451 亿元，同比增长 3.1%；全年完成公路建设投资 21895 亿元，同比增长 2.6%。2015—2019 年公路建设投资额及增长率如图 2-6 所示。其中，高速公路建设完成投资 11504 亿元，同比增长 15.4%；普通国省道建设完成投资 4924 亿元，同比下降 10.3%；农村公路建设完成投资 4663 亿元，同比下降 6.5%。随着我国公路交通固定资产投资规模不断扩大，公路网络通达水平和覆盖程度不断提高，为开展便捷、高效的道路运输服务提供了有力支撑。

4. 国际贸易

2019 年，全国货物进出口总额 315505.0 亿元，同比增长 3.4%。其中，出口总额 172342.0 亿元，增长 5.0%；进口总额 143162.0 亿元，增长 1.6%。我国对欧盟、东盟国家进出口总额分别增长 8.0% 和 14.1%；与“一带一路”沿线国家进出口增势良好，对“一带一路”沿线国家合计进出口总额增长 10.8%，高出货物进出口总额增速 7.4 个百分点。“一带一路”倡议的深入实施，国际道路运输便利化水平持续提高，发展环境不断改善，通关效率不断提高，为提升国际道路运输效率和降低运输成本提供了重要保障。

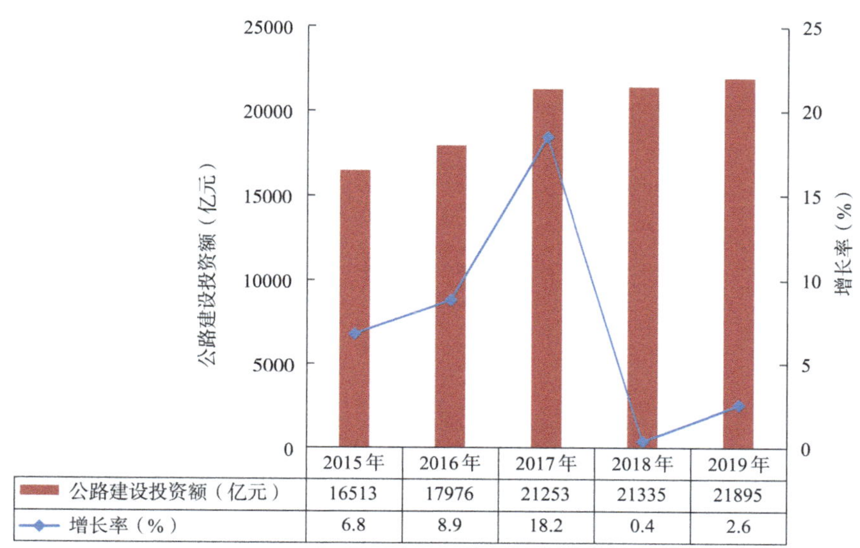

	2015年	2016年	2017年	2018年	2019年
公路建设投资额（亿元）	16513	17976	21253	21335	21895
增长率（%）	6.8	8.9	18.2	0.4	2.6

图 2-6　2015—2019 年公路建设投资额及增长率

第二节　社会发展

2019 年，围绕全面建成小康社会的核心目标，我国扎实打好三大攻坚战，统筹城乡区域发展，坚持在发展中保障和改善民生，推动人民生活持续向好，民生保障网进一步织密，群众的获得感、幸福感和安全感不断增强。

一、居民消费水平持续提高

2019 年，全国居民收入和消费支出稳定增长，人均可支配收入 30733 元（图 2-7），人均消费支出 21559 元，扣除价格因素分别实际增长 5.8%、5.5%。其中，人均服务性消费支出 9886 元，同比增长 12.6%，占居民人均消费支出的 45.9%。随着城乡居民人均收入的不断增加和消费水平的提高，全面建成小康社会的不断深入，人民群众个性化、品质化的运输服务需求日益增长，对运输服务供给体系提出了新的更高要求。

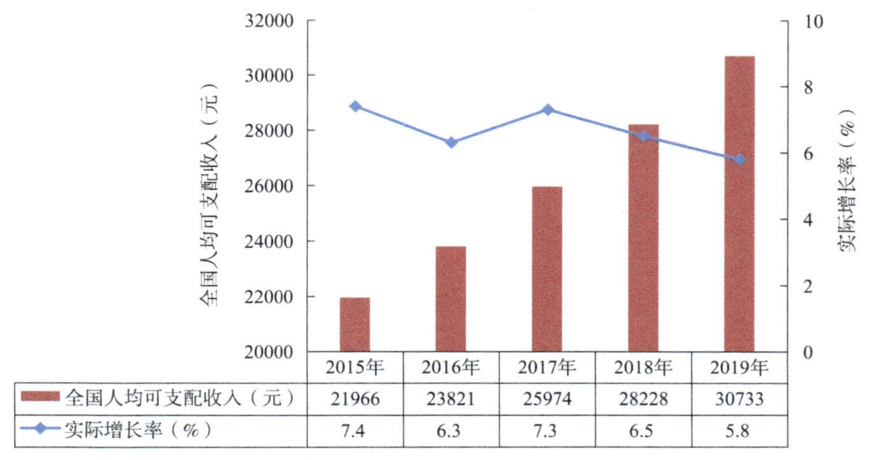

	2015年	2016年	2017年	2018年	2019年
全国人均可支配收入（元）	21966	23821	25974	28228	30733
实际增长率（%）	7.4	6.3	7.3	6.5	5.8

图 2-7　2015—2019 年全国人均可支配收入及实际增长率

二、新型城镇化建设深入推进

截至 2019 年底，我国城镇常住人口达到 84843 万人，常住人口城镇化率达到 60.60%，较 2018 年提高了 1.02 个百分点，如图 2-8 所示。分区域看，东部、中部、西部和东北地区常住人口城镇化率分别比 2018 年底提高 0.72 个、1.20 个、1.16 个和 0.47 个百分点。城镇化发展呈现出中、西部地区快于东部和东北地区的态势，区域间城镇化水平差异进一步缩小。推动新型城镇化高质量发展，要求全面提升城市及城市群发展质量，构建高效顺畅的城际出行服务体系和畅通城市、通达城乡的客运服务系统。

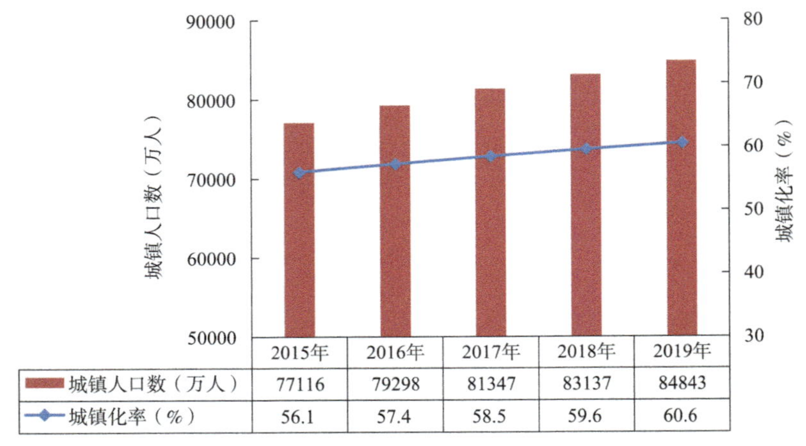

图 2-8　2015—2019 年全国城镇人口规模及城镇化率

三、机动化发展趋势明显

截至 2019 年底，我国民用汽车保有量达 2.6 亿辆，较 2018 年增加 2122 万辆，增幅为 8.83%。目前，全国有 66 个城市汽车保有量超百万辆，30 个城市汽车保有量超 200 万辆。汽车保有量及驾驶员数量的快速增长要求切实加快提升机动车维修、驾驶员培训等汽车后市场的服务能力和水平。2019 年，交通运输部积极推进汽车维修电子健康档案系统推广应用，截至 12 月底，全国 31 个省份均已完成汽车维修电子健康档案系统建设工作，累计采集维修记录 3.6 亿辆次，为 9700 余万辆汽车建立“健康档案”。

同时，面对快速城镇化、汽车化过程中带来的大气污染、交通拥堵等问题，城市绿色交通越来越受到各方面的重视。2019 年，全国新能源汽车保有量达 381 万辆，占汽车总量比例从 2018 年的 1.09% 上升至 1.46%，与 2018 年相比，增加 120 万辆，增长 46.0%。

四、乡村振兴战略扎实推进

2019 年，全国农村居民人均可支配收入 16021 元，同比增长 9.6%，扣除价格因素，实际增长 6.2%；农村居民人均消费支出 13328 元，增长 9.9%，扣除价格因素，实际增长 6.5%。按照每人每年 2300 元（2010 年不变价）的农村贫困标准计算，2019 年末农村贫困人口 551 万人，比 2018 年末减少 1109 万人，贫困发生率 0.6%，同比下降 1.1 个百分点。打赢交通脱贫攻坚战取得决定性进展，具备条件的乡镇和建制村提前一年完成通硬化路目标任务，“四好农村路”高质量发展迈出新步伐。新改建农村公路 29 万公里，实施“畅返不畅”整治工程 7.9 万公里，农村公路实现通村畅乡。交通扶贫富民成效显著，推动贫困地区乡镇运输服务站建设，建成农村地区资源路、旅游路、产业路 8300 余公里，“交通 + 产业”“交通 + 旅游”“交通 + 电商”等模式良性发展，农村电商潜力进一步释放。

第三节　营商环境

世界银行2019年发布的《2020年的营商环境评估报告》显示，中国营商环境总体评价在全球190个经济体中已经跃居第31位（详见表2-1），比2013年累计上升65位。我国为中小企业改善营商环境实施的改革数量创纪录，是东亚及太平洋地区唯一一个进入2019年世界银行营商环境报告10大最佳改革者名单的经济体，为世界银行营商环境报告发布以来我国取得的最好名次。2019年，道路运输行业扎实推进“放管服”改革，进一步优化营商环境，行业发展动力进一步释放，市场主体发展活力不断激发。

2019年中国营商环境各项指标得分及排名　　**表2-1**

指　标	得　分	排　名
开办企业	94	27
办理施工许可	77	33
获得电力	95	12
产权登记	81	28
获得信贷	60	80
保护少数投资者	72	28
纳税	70	105
跨境贸易	87	56
合同执行	81	5
破产办理	62	51
合计	77.9	31

一、政策环境持续优化

2019年，我国政府出台了一系列政策法规，营商环境制度体系不断完善。10月8日，李克强总理主持召开国务院常务会议，审议通过了《优化营商环境条例（草案）》，通过政府立法为各类市场主体投资兴业提供制度保障；11月21日，国家发展和改革委员会、商务部发布了《市场准入负面清单（2019年版）》，缩减清单事项，以服务业为重点试点进一步放宽市场准入限制。政府“放管服”改革全面纵深推进，3月6日，国务院决定取消25项行政许可事项，下放6项行政许可事项的管理层级。国家积极推进“互联网＋政务服务”和加快政务服务平台建设，以此推动全国政务服务平台不断提升建设集约化、管理规范化、服务便利化水平。2019年，道路运输领域聚焦群众反映强烈的突出问题，推出简政放权多项举措，破除市场壁垒，推进减税降费，优化营商环境取得新成效。

二、对外开放再上新台阶

2019年，我国着力推动对外开放制度建设，加快完善与国际投资、贸易通行规则相衔接的基本制度体系和监管模式。2019年3月15日，中华人民共和国第十三届全国人民代表大会第二次会议表决通过

《中华人民共和国外商投资法》，成为新时代我国外商投资领域新的基础性法律。2019 年我国还发布了《外商投资准入特别管理措施（负面清单）（2019 年版）》《市场准入负面清单（2019 年版）》等，外资准入负面清单条目逐渐缩减。2019 年我国积极搭建对外开放合作新平台，先后举办了第二届“一带一路”国际合作高峰论坛、第二届中国国际进口博览会和首届中国—非洲经贸博览会。“一带一路”框架下，交通领域对外合作不断取得新进展，我国与“一带一路”沿线国家签订的国际道路运输协定总数已达 22 个，为对外开放奠定了良好的基础。

三、信用体系建设成果显著

2019 年，我国加快信用体系建设，法律法规不断完善，失信惩戒力度不断加强。7 月 16 日，国务院办公厅发布了《关于加快推进社会信用体系建设构建以信用为基础的新型监管机制的指导意见》，从全国层面推出信用监管政策性文件。交通运输部持续完善交通运输领域守信联合激励和失信联合惩戒工作，出台了《交通运输守信联合激励和失信联合惩戒对象名单管理办法（试行）》等制度文件，道路运输行业加快构建以信用为核心的新型监管机制。

四、通关便利化水平逐步提升

2019 年，我国进一步优化口岸营商环境、加快提升通关便利化水平。7 月，海关总署、财政部、自然资源部、交通运输部等 10 个相关部门联合印发了《关于加快提升通关便利化水平的通知》，在进一步简化单证、优化流程、提升口岸信息化水平、降低口岸收费等方面提出了十条措施。2019 年，国际贸易“单一窗口”建设取得显著成绩，口岸收费进一步降低，通关便利化水平得到进一步提升，对促进运输和贸易便利化，提高运输效率，降低国际运输成本起到了巨大作用。

第四节　其他运输方式加快发展

2019 年，我国综合交通运输网络建设深入推进，各运输方式衔接和城市内外交通的衔接水平持续提高，跨方式出行服务不断升级，现代化综合交通运输体系进一步完善。

一、铁路运输持续挖潜提效

高速铁路网络进一步完善。截至 2019 年底，全国铁路营业里程达 13.9 万公里，其中高速铁路 3.5 万公里，总长度远高于其他国家高速铁路运营里程的总和，形成了世界上最现代化的铁路网和最发达的高速铁路网。

铁路客运保持高速增长。如图 2-9 所示，2019 年，全国铁路完成旅客发送量 36.6 亿人，同比增长 8.4%，延续了近 5 年的增长态势，其中动车组旅客发送量 22.9 亿人，同比增长 14.1%，占铁路旅客发送量的比例达到 62.6%，已成为铁路旅客运输的主要载体。

铁路货运稳步增长。如图 2-10 所示，2019 年，全国铁路完成货物发送量 43.9 亿吨，同比增长 7.2%，货物周转量 30181.95 亿吨公里，同比增长 4.3%，运输结构调整成效初显。2019 年，铁路累计开行 2019 年中欧班列开行 8225 列，同比增长 29%，发运 72.5 万标箱（TEU），同比增长 34%，综合重箱率达到 94%。

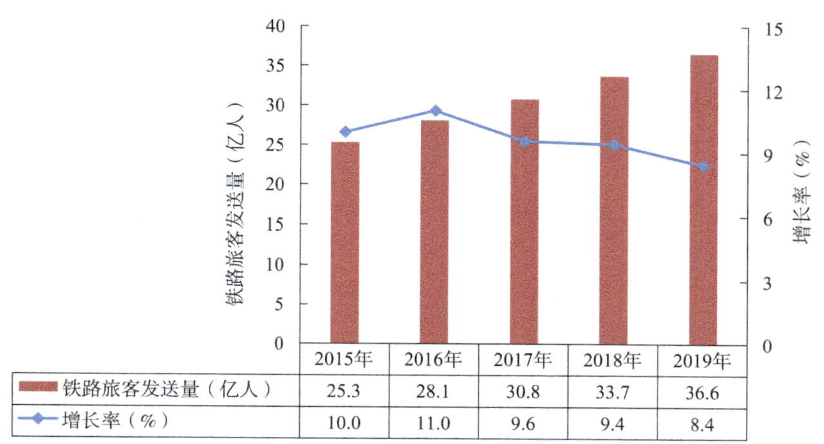

图 2-9　2015—2019 年铁路旅客发送量及增长率

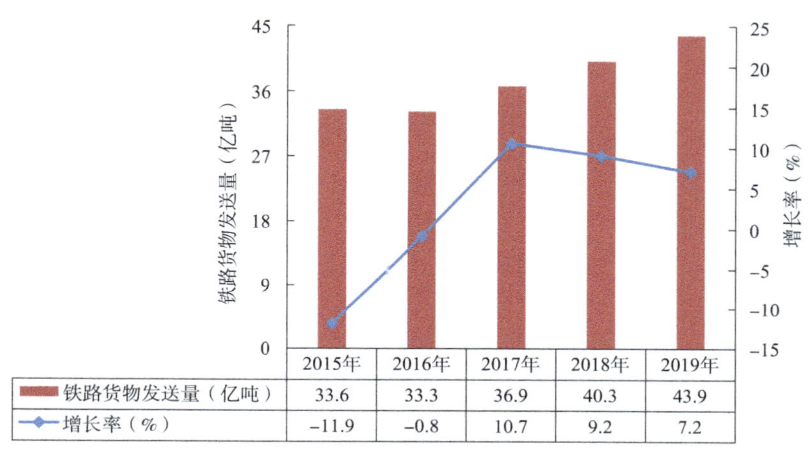

图 2-10　2015—2019 年铁路货物发送量及增长率

铁路服务品质持续提升。铁路部门深入实施客运提质计划，以电子客票为核心，推进售票服务创新升级，实现电子客票在全国高速铁路线路的基本覆盖，大力推广网上订餐、移动支付、候补购票、刷脸核验等便民服务举措，推动铁路客运实现更高质量发展。不断加大普惠服务力度，开设 81 对公益性“慢火车”，覆盖全国 21 个省（自治区、直辖市），经停 530 个车站，途经 35 个少数民族地区，加大投入改善站车服务设备设施，实施普速站车达标提质专项行动，助力脱贫攻坚，为革命老区、贫困地区、边远山区人民群众出行提供便利。持续深化运价市场化改革，有序推进高速铁路客票差异化定价，探索实践货运分方向、分季节、分品类、分运能的灵活价格调整策略，通过下调铁路货运价格、规范铁路货运相关收费等方式，累计为相关企业节约物流成本约 340 亿元。不断提高铁路货运能力，加快重载铁路通道建设，国家北煤南运战略新通道浩吉铁路开通运营，95 条重点铁路专用线建成投用，大力发展敞顶集装箱运输，推广使用 35 吨敞顶箱，创新打造绿色高效的“散改集”物流模式。2019 年铁路集装箱、商品汽车、冷链运输同比分别增长 30.4%、13.5%、30.6%，铁路货运组织能力不断增强。

二、水路客货运量稳中向好

截至 2019 年底，全国内河航道通航里程 12.73 万公里，比 2018 年增加 172 公里，全国港口拥有生产用码头泊位 22893 个、万吨级及以上泊位 2520 个。水路客运量逐年趋稳，如图 2-11 所示，2019 年，水路累计完成客运量 2.7 亿人，与 2018 年相比，客运量基本持平稍有下降，同比下降 2.6%；旅客周转量 80.2 亿人公里，同比增长 0.8%。全国港口完成旅客吞吐量 8713.0 万人，比 2018 年同期下降 6.7%；接待邮轮旅客 221.4 万人，同比下降 11.7%。

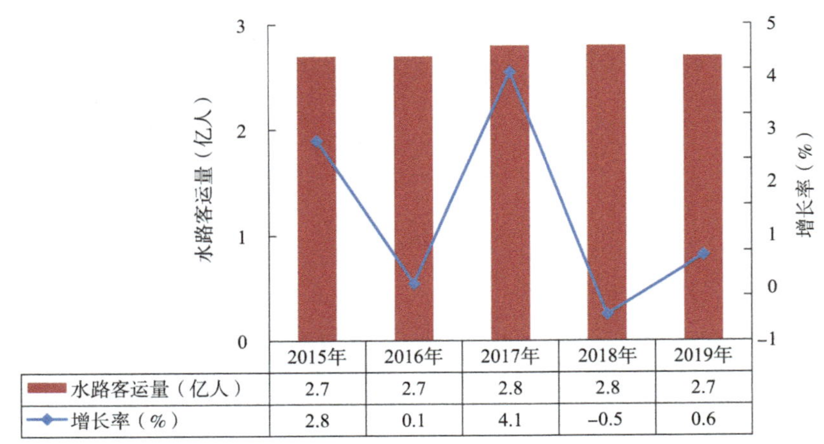

图 2-11　2015—2019 年水路客运量及增长率

水路货运量继续保持增长，如图 2-12 所示，2019 年，水路完成货运量 74.7 亿吨，同比增长 6.3%；货物周转量 103963.0 亿吨公里，同比增长 5.0%。全国港口累计完成货物吞吐量 139.5 亿吨，同比增长 5.7%，其中外贸、内贸货物吞吐量分别增长 4.7%、6.1%；累计完成集装箱吞吐量 2.6 亿 TEU，同比增长 4.4%。

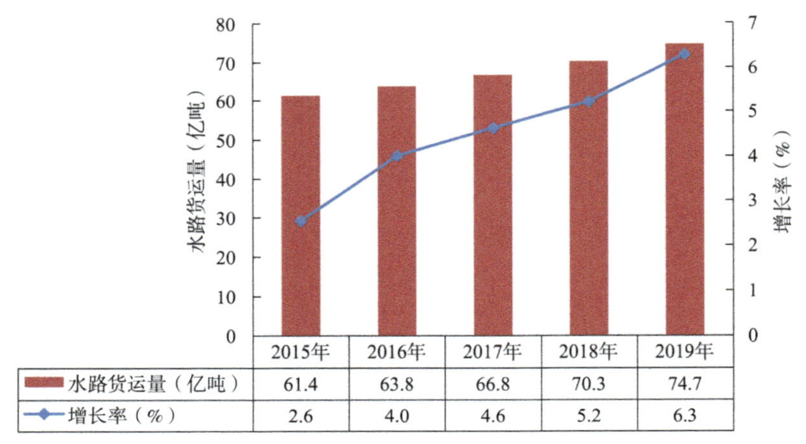

图 2-12　2015—2019 年水路货运量及增长率

三、民航运输保持稳定增长

我国民航整体保持增长态势。如图 2-13、图 2-14 所示，2019 年，民航累计完成客运量 6.6 亿人、货邮运输量 753.2 万吨、货邮周转量 263.2 亿吨公里，同比分别增长 7.9%、2.0%、0.3%。其中，民航完成国际旅客运输量 7425.1 万人，同比增长 16.6%，完成国际货邮运输量 242.0 万吨，同比下降 0.3%。运输航空实现连续安全飞行 112 个月、8068 万小时，运送旅客 42 亿人次，并连续 17 年保证空防安全。通用航空飞行 112.5 万小时，经营类无人机飞行 125 万小时，同比分别增长 13.8% 和 26.4%。

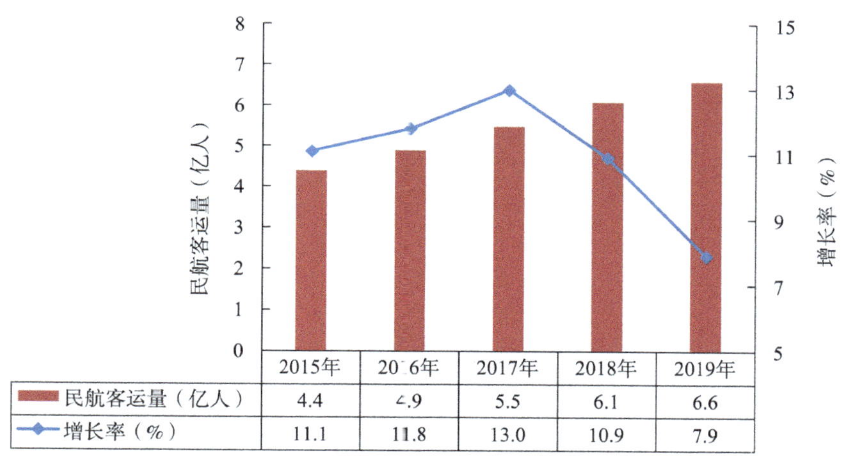

图 2-13 2015—2019 年民航客运量及增长率

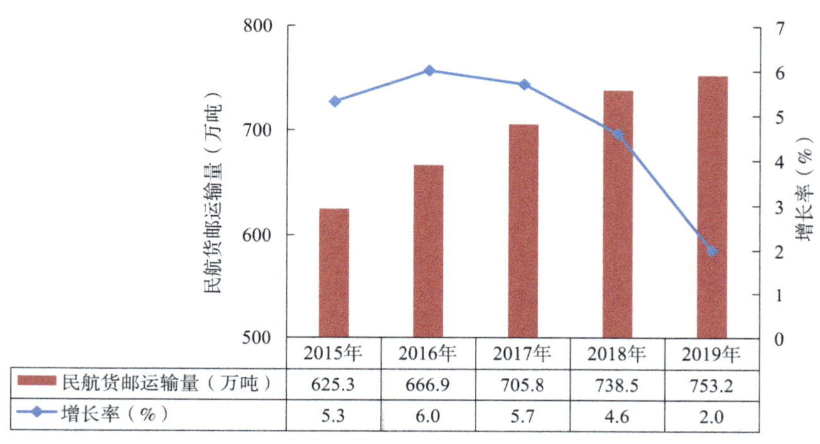

图 2-14 2015—2019 年民航货邮运输量及增长率

民航服务质量不断提高。2019 年，全国航班正常率达到 81.65%，同比提高了 1.52 个百分点，已经连续两年超过 80%；正班客座率为 83.2%，航空物流正班载运率为 71.6%。229 个机场和主要航空公司可实现“无纸化”出行；37 家千万级机场国内旅客自助值机平均比例达 71.6%；在 8 家航空公司、29 家机场开展跨航司行李直挂试点；15 家航空公司 410 架飞机为 805 万旅客提供了客舱 Wi-Fi 服务；航空货运电子运单使用突破 160 万票；12326 民航服务质量监督电话开通，国内航空公司投诉响应率达 100%。

四、邮政快递行业持续高速增长

2019 年邮政行业持续保持高速增长，全国邮政行业累计业务收入、业务总量分别为 9642.5 亿元、16229.6 亿元，同比分别增长 22.0%、31.5%。邮政业积极服务乡村振兴战略，实现 55.6 万个建制村直接通邮，农村地区快递网点超过 3 万个、公共取送点达 6.3 万个，乡镇快递网点覆盖率达到 96.6%。邮政基础设施网络不断完善，全国已建成快递物流园区 402 个；主要城市智能快件箱已达 40.6 万组，城市快递末端公共服务站达到 8.2 万个；国内快递专用货机达 126 架，高速铁路快递开通线路达 451 条。

快递业务保持强劲增长态势，如图 2-15 所示，2019 年，全国快递服务企业累计完成业务量、业务收入分别为 635.2 亿件、7497.8 亿元，同比分别增长 25.3% 和 24.2%。其中，同城业务量累计完成 110.4 亿件，同比下降 3.3%；异地业务量累计完成 510.5 亿件，同比增长 33.7%；国际 / 港澳台业务量累计完成 14.4 亿件，同比增长 29.9%。

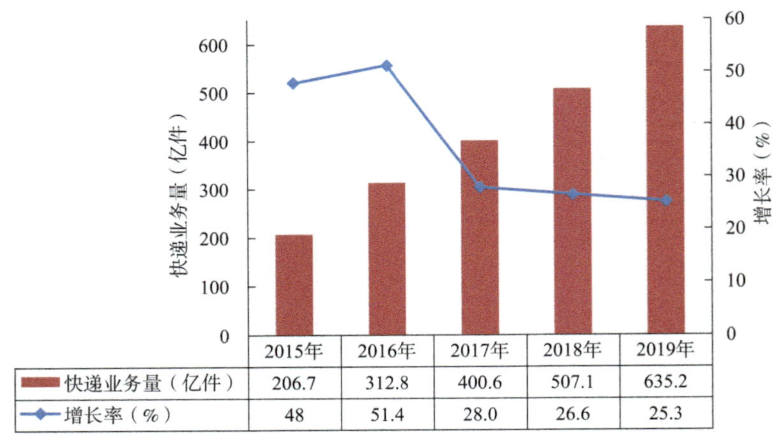

	2015年	2016年	2017年	2018年	2019年
快递业务量（亿件）	206.7	312.8	400.6	507.1	635.2
增长率（%）	48	51.4	28.0	26.6	25.3

图 2-15　2015—2019 年快递业务量及增长率

第三章　道路运输业改革发展政策陆续出台

2019 年，按照党中央、国务院部署要求，积极推动出台道路运输改革发展相关政策、标准。

一、《道路运输条例（修正案）》

2019 年 3 月，国务院公布了《国务院关于修改部分行政法规的决定》（中华人民共和国国务院令第 709 号），对《中华人民共和国道路运输条例》进行了修订，取消了机动车维修经营许可，总质量 4.5 吨及以下普通货运车辆营运证和驾驶员从业资格证，以及企业的道路运输经营许可证。

原文链接:http://www.gov.cn/zhengce/content/2019-03/18/content_5374723.htm

为贯彻落实国务院第 709 号令的要求，2019 年 6 月，交通运输部发布了《交通运输部关于修改〈道路货物运输及站场管理规定〉的决定》（中华人民共和国交通运输部令 2019 年第 17 号），《交通运输部关于修改〈道路运输从业人员管理规定〉的决定》（中华人民共和国交通运输部令 2019 年第 18 号），《交通运输部关于修改〈道路运输车辆技术管理规定〉的决定》（中华人民共和国交通运输部令 2019 年第 19 号），《交通运输部关于修改〈机动车维修管理规定〉的决定》（中华人民共和国交通运输部令 2019 年第 20 号）。明确了使用总质量 4500 千克及以下普通货运车辆从事普通货运经营的，无需申请取得道路运输经营许可证及车辆营运证，以及机动车维修经营许可审批取消后相关的管理要求。删除了关于机动车维修经营许可的全部内容，明确了关于机动车维修经营备案的备案程序、备案材料、备案受理、备案变更、备案事项事后监督检查、备案不得收取费用、备案结果公布等规定，以及国务院规定的机动车维修经营者应符合国务院交通运输主管部门规定的机动车维修经营业务标准等内容，形成了完整的维修经营备案管理体系、流程，建立了机动车维修经营备案管理体系，依法调整优化了有关事中事后监管措施。

二、《关于加快道路货运行业转型升级促进高质量发展的意见》

2019 年 5 月，国务院办公厅转发了交通运输部、国家发展和改革委员会、教育部、工业和信息化部、公安部、财政部、人力资源和社会保障部、生态环境部、住房和城乡建设部、应急部、国家税务总局、国家市场监督管理总局、中华全国总工会《关于加快道路货运行业转型升级促进高质量发展的意见》（国办发〔2019〕16 号，以下简称《意见 1》）。

原文链接:http://www.gov.cn/zhengce/content/2019-05/07/content_5389429.htm

《意见 1》指出，要以习近平新时代中国特色社会主义思想为指导，全面贯彻党的十九大和十九届二中、三中全会精神，牢固树立和贯彻落实新发展理念，以供给侧结构性改革为主线，加快建设安全稳定、经济高效、绿色低碳的道路货运服务体系，促进道路货运行业高质量发展。《意见 1》聚焦当前道路货运行业发展面临的突出问题，从深化货运领域“放管服”改革、推动新旧动能接续转换、加快车辆装备升级改造、改善货运市场从业环境、提升货运市场治理能力等五个方面，部署了 14 项重点工作任务。

三、《危险货物道路运输安全管理办法》

2019 年 11 月，交通运输部、工业和信息化部、公安部、生态环境部、应急管理部、国家市场监督

管理总局联合发布了《危险货物道路运输安全管理办法》(中华人民共和国交通运输部令2019年第29号，以下简称《办法1》)，自2020年1月1日起施行。

原文链接:http://xxgk.mot.gov.cn/jigou/fgs/201911/t20191128_3302982.html

《办法1》统筹现行法律法规和标准规范，注重吸收以往事故教训、总结各地实践经验、主动接轨国际规则，着力强化危险货物道路运输全链条安全管理，进一步健全和完善各项管理制度，重点解决行业存在的突出问题。针对生产经营企业充装环节把关不严、纵容违规运输问题,《办法3》建立了装货查验制度，发货人要做到“五必查”，即：车辆是否具有有效行驶证和运营证，驾驶人、押运人是否具有有效资质证件，运输车辆是否在检验合格有效期内，所装载的危险货物是否与运单载明的相一致，所充装的危险货物是否在罐式车辆罐体的适装介质列表范围内等。《办法3》统一了危化品运输车辆通行管理政策，对符合要求的小件危险货物实施豁免管理，为发展危险货物多式联运及国际运输奠定了基础。

四、《交通运输新业态用户资金管理办法（试行)》

2019年5月，交通运输部联合中国人民银行、国家发展和改革委员会、公安部、国家市场监督管理总局、中国银行保险监督管理委员会印发了《交通运输新业态用户资金管理办法（试行)》(交运规〔2019〕5号，以下简称《办法2》)，自2019年6月1日起施行，有效期3年。

原文链接:http://xxgk.mot.gov.cn/jigou/ysfws/201905/t20190515_3201064.html

《办法2》适用于网络预约出租汽车、汽车分时租赁和互联网租赁自行车等以互联网等信息技术为依托构建服务平台的交通运输新业态，通过明确押金最长退还期限，优化预付资金收取限额标准，完善押金扣款流程，加强预付资金退还管理，强化消费者协会职责等，进一步加强用户押金和预付资金管理，有效防范用户资金风险，促进交通运输新业态健康发展。

五、《关于深化道路运输价格改革的意见》

2019年10月，交通运输部会同国家发展和改革委员会印发了《关于深化道路运输价格改革的意见》(交运规〔2019〕17号，以下简称《意见2》)。

原文链接:http://xxgk.mot.gov.cn/jigou/ysfws/201911/t20191121_3299702.html

《意见2》以深化道路运输价格市场化改革、完善道路运输价格管理方式为目标，坚持市场导向、保障民生、包容审慎、统筹推进等基本原则，健全主要由市场决定的道路运输价格形成机制和科学、规范、透明的道路运输价格监管制度。对竞争充分的班车客运、汽车客运站提供的可自主选择的服务收费原则上实行市场调节价，对竞争不充分的班车客运、农村客运和汽车客运站提供的基本服务收费原则上实行政府指导价。健全巡游出租汽车运价形成机制，规范道路运输新业态新模式价格管理方式，健全特殊旅客权益保障。同时提出了规范政府定价行为、规范经营者自主定价行为、加强价格监测和信用体系建设、推进完善行业治理体系等相关措施，充分发挥市场在资源配置中的决定性作用，更好发挥政府作用，促进道路运输行业高质量发展。

六、《网络平台道路货物运输经营管理暂行办法》

2019年9月，交通运输部、国家税务总局联合印发了《网络平台道路货物运输经营管理暂行办法》(交运规〔2019〕12号，以下简称《办法3》)，自2020年1月1日起施行，有效期2年。

原文链接：http://xxgk.mot.gov.cn/jigou/ysfws/201909/t20190909_3248768.html

《办法 3》以培育壮大物流新业态、新动能为目标，坚持鼓励发展、包容审慎、问题导向、创新监管的原则，构建了网络货运经营监督管理的制度体系。按照党中央、国务院关于推动实施“互联网 +”行动计划、发展“互联网 +”高效物流及促进平台经济规范健康发展的有关部署，鼓励现代信息技术在道路货运领域的创新应用，积极支持网络货运新业态创新发展。在鼓励创新的基础上，着力强化网络货运经营者的全程运输责任和依法纳税义务，坚守运输安全“底线”和税收安全“红线”，加强对不规范运营行为的监管，引导网络货运新模式健康发展。在系统总结全国无车承运人试点经验基础上，针对新业态发展中存在的法律定位不清晰、行为规范不明确、监督管理不完善等突出矛盾和难点问题，着力健全完善相关管理制度，为新业态、新模式发展营造良好的制度环境。以提高监管效能、优化服务水平为目标，充分利用信息化手段加强网络货运经营的运行监测和监管，建立交通运输、税务部门信息共享机制，积极探索创新监管手段和方式，营造公平公正的市场环境。同时配套印发了《网络平台道路货物运输经营服务指南》《省级网络货运信息监测系统建设指南》《部网络货运交互信息系统接入指南》等标准。

七、《绿色出行行动计划（2019—2022 年）》

2019 年 5 月，交通运输部联合中央宣传部、国家发展和改革委员会、工业和信息化部、公安部、财政部、生态环境部、住房和城乡建设部、国家市场监督管理总局、国家机关事务管理局、中华全国总工会、中国铁路总公司共同印发了《绿色出行行动计划（2019—2022 年）》（交运发〔2019〕70 号，以下简称《行动计划》）。

原文链接：http://xxgk.mot.gov.cn/jigou/ysfws/201905/t20190531_3207748.html

《行动计划》提出，要切实推进绿色出行发展，坚持公共交通优先发展，努力建设绿色出行友好环境、增加绿色出行方式吸引力、增强公众绿色出行意识，进一步提高城市绿色出行水平。《行动计划》围绕构建完善综合运输服务网络、大力提升公共交通服务品质、优化慢行交通系统服务、推进实施差别化交通需求管理、提升绿色出行装备水平、大力培育绿色出行文化、加强绿色出行保障等 7 个方面，系统部署了 21 条具体行动措施。

八、《关于深化交通运输与邮政快递融合推进农村物流高质量发展的意见》

2019 年 8 月，交通运输部、国家邮政局、中国邮政集团公司联合印发了《关于深化交通运输与邮政快递融合推进农村物流高质量发展的意见》（交运发〔2019〕107 号，以下简称《意见 3》）。

原文链接：http://xxgk.mot.gov.cn/jigou/ysfws/201908/t20190819_3239330.html

《意见 3》坚持问题导向，强调资源共享，突出跨部门协同，强调政策支持，注重标准规范引领，强调服务创新，支持融合发展，强调便民利民。坚持“市场主导、政府统筹，多方协同、资源整合，因地制宜、创新发展”的原则，引导交通运输、邮政快递深度融合，推动农村物流高质量发展。提出以交邮融合、推进农村物流高质量发展为目的，通过节点网络共享、运力资源共用、标准规范统一、企业融合发展，加快构建畅通便捷、经济高效、便民利民的县、乡、村三级物流服务体系，促进农产品、农村生产生活物资、邮政快递寄递物品等高效便捷流通，为农村地区脱贫攻坚、乡村振兴提供有力支撑。在推动网络节点共建共享方面，提出支持县级公路客货运站拓展建设邮政快递作业设施，积极拓展乡镇客运站邮政快递中转及收投服务功能，依托邮政乡村服务点延伸农村物流服务网络。在支持运力资源互用互补方面，提出鼓励推广农村客运车辆代运邮件快件，支持开展农村邮件快件货运服务，大力发展“互联网

+”农村物流新业态，鼓励新技术新设备普及应用。在推进融合规范运作方面，提出建立融合发展工作对接机制，制定融合发展服务规范。在推动多方协作联动方面，提出依托邮政网点开展道路运输便民政务服务，打造产运销一体化农村物流服务体系。在协同抓好落地实施方面，提出建立健全工作机制，加大政策支持力度，加强经验总结推广。

九、《关于进一步做好“司机之家”建设和验收工作的通知》

2019 年 4 月，交通运输部办公厅、中华全国总工会办公厅联合印发了《关于进一步做好“司机之家”建设和验收工作的通知》(交办运函〔2019〕552 号，以下简称《通知 1》)。

原文链接:http://xxgk.mot.gov.cn/jigou/ysfws/201904/t20190419_3189920.html

《通知 1》提出拟在全国范围内全面推广“司机之家”建设经验，2019 年推进建设 100 个“司机之家”。具体包括全面部署开展“司机之家”建设，不断提升“司机之家”服务质量，做好“司机之家”试点验收工作，通过加大政策支持力度、建立工作推进机制和及时总结推广经验，加强“司机之家”建设保障。

十、《关于开展道路运输重点领域驾驶员职业化培训考试试点工作的通知》

2019 年 7 月，交通运输部、教育部、财政部、人力资源和社会保障部、中华全国总工会五部门联合印发了《关于开展道路运输重点领域驾驶员职业化培训考试试点工作的通知》(交办运〔2019〕69 号，以下简称《通知 2》)，在江苏、浙江、云南 3 省部署开展道路运输重点领域驾驶员职业化培训考试试点工作。

原文链接:http://xxgk.mot.gov.cn/jigou/zcyjs/201908/t20190830_3244392.html

《通知 2》提出开展道路运输重点领域驾驶员职业化培训考试试点工作，推进道路旅客运输、道路危险货物运输驾驶员培训考试，由驾驶培训机构承担的社会化培训考试向职业院校(含技工院校)承担的职业化培训考试转变，是确保道路运输行业安全生产的治本之策，对解决当前道路运输驾驶员整体素质不高和结构性数量不足问题，从源头上加强道路运输安全生产管理，促进道路运输行业提质增效升级，推进运输服务高质量发展，具有十分重要的意义。力争通过试点，拓出道路运输重点领域驾驶员培训考试的新路子，为建设一支职业化的道路运输从业人员队伍奠定重要基础。

十一、《关于进一步加强车辆运输车超长违法运输行为治理的通知》

2019 年 8 月，交通运输部办公厅、公安部办公厅、工业和信息化部办公厅印发了《关于进一步加强车辆运输车超长违法运输行为治理的通知》(交办运函〔2019〕1198 号，以下简称《通知 3》)。

原文链接:http://xxgk.mot.gov.cn/jigou/ysfws/201908/t20190820_3239741.html

《通知 3》提出按照交通运输部、公安部、工业和信息化部等五部门联合印发的《车辆运输车治理工作方案》(交办运〔2016〕107 号)总体部署，2018 年 7 月 1 日起全面禁止不合规车辆运输车通行。在各级交通运输、公安、工业和信息化主管部门的共同努力下，在各乘用车制造企业、整车物流企业、行业协会的积极支持下，整车物流市场秩序逐步规范。但个别地区仍存在车辆运输车违法运输现象，主要表现为半挂车辆运输车在用于装卸的渡板上超长装载乘用车，严重扰乱了整车物流市场秩序。《通知 3》对乘用车制造企业提出了更加明确的要求，同时，针对违法行为不仅仅处罚路面上的驾驶员和车辆，还将处罚整车物流企业和货运源头企业，实施“一超四罚”。《通知 3》主要强调了强化源头装载监管、严格路面执法检查、加强违法信息共享、实施信用联合惩戒等四方面内容。政策执行将进一步规范车辆运输车装载，巩固治理成效，维护健康规范有序的市场环境。

十二、《关于公布第二批城市绿色货运配送示范工程创建城市的通知》

2019年12月，交通运输部办公厅、公安部办公厅、商务部办公厅联合印发了《关于公布第二批城市绿色货运配送示范工程创建城市的通知》(交办运函〔2019〕1332号，以下简称《通知4》)。

原文链接：http://xxgk.mot.gov.cn/jigou/ysfws/201912/t20191223_3311939.html

《通知4》确定了唐山、秦皇岛、南京、无锡、徐州、南通、温州、台州、芜湖、临沂、郑州、济源、黄石、咸宁、岳阳、怀化、珠海、佛山、达州、西安、宝鸡、安康、乌鲁木齐、石河子等24个城市为第二批城市绿色货运配送示范工程创建城市。《通知4》分别从进一步提高对开展示范工程重要意义的认识，进一步细化完善示范工程实施方案，加快推进示范工程建设有关工作，加大示范工程支持力度，加强示范工程建设动态管理等五个方面指导示范城市深入推进城市绿色货运配送示范工程。在示范工程创建方面，有关省级交通运输、公安、商务主管部门要切实加强城市绿色货运配送示范工程的组织领导，进一步完善示范工程建设领导机构和部门联动工作机制，强化统筹协调和业务指导，督促创建城市加快建立完善推动城市绿色货运配送发展的体制机制和保障措施，确保示范工程建设取得实效；要指导各创建城市人民政府发挥示范工程建设主体作用，按照实施方案工作安排，围绕完善城市货运配送基础设施、推广应用新能源物流车辆、优化配送车辆便利通行政策、推广先进运输组织模式、推进信息互联共享、落实支持政策和保障措施等重点任务，加大改革创新力度，积极探索城市绿色货运配送发展新举措、新经验，按期保质完成各项工作任务。在加大示范工程支持力度方面，有关省级交通运输、公安、商务主管部门要对创建城市给予必要的政策扶持，指导创建城市人民政府积极完善配套政策，从货运配送节点建设、新能源物流配送车辆推广、配送车辆通行便利政策、土地、财税、融资保险等方面对示范工程相关项目给予扶持和倾斜，切实落实各项保障措施，确保实现创建工作目标，全面提升城市绿色货运配送的服务质量和服务水平。

十三、《关于深化交邮融合推广农村物流服务品牌的通知》

2019年9月，交通运输部办公厅印发了《关于深化交邮融合推广农村物流服务品牌的通知》(交办运函〔2019〕1359号，以下简称《通知5》)。

原文链接：http://xxgk.mot.gov.cn/jigou/ysfws/201909/t20190920_3273895.html

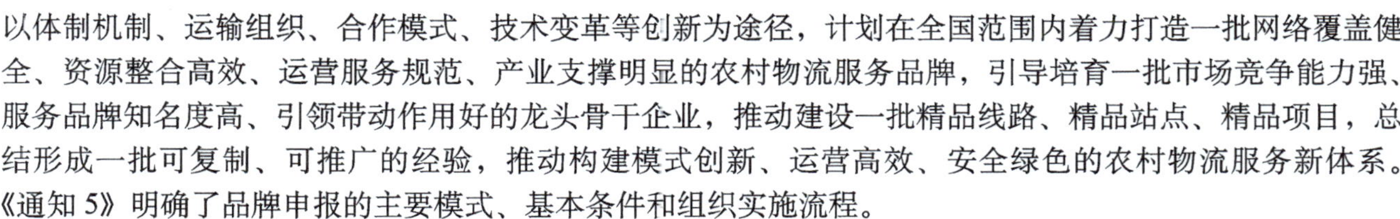

《通知5》以深化农村物流供给侧结构性改革为主线，以促进交邮融合、产业联动、脱贫攻坚为主攻方向，以农村物流站场资源共享、运力资源共用、信息资源融合为重点，以体制机制、运输组织、合作模式、技术变革等创新为途径，计划在全国范围内着力打造一批网络覆盖健全、资源整合高效、运营服务规范、产业支撑明显的农村物流服务品牌，引导培育一批市场竞争能力强、服务品牌知名度高、引领带动作用好的龙头骨干企业，推动建设一批精品线路、精品站点、精品项目，总结形成一批可复制、可推广的经验，推动构建模式创新、运营高效、安全绿色的农村物流服务新体系。《通知5》明确了品牌申报的主要模式、基本条件和组织实施流程。

十四、《互联网道路运输便民政务服务系统业务办理工作指南（试行）》

2019年6月，交通运输部办公厅印发了《互联网道路运输便民政务服务系统业务办理工作指南（试

行）》（交办运〔2019〕60 号，以下简称《指南》）。

原文链接：http://xxgk.mot.gov.cn/jigou/ysfws/201906/t20190621_3215776.html

《指南》共 7 章 53 条，适用于依托网上便民运政系统办理道路运输从业资格网上申请，道路普通货物运输、危险货物道路运输驾驶员从业资格证补发、换发、变更、注销以及车辆道路运输证补发、换发、注销，道路运输驾驶员网上诚信（信誉）考核，普通货运驾驶员网上学习教育，普通货运车辆网上年度审验，国际道路运输行车许可证申领，机动车维修经营网上备案（变更）和注销等业务。

十五、《汽车客运站安全生产规范》

2019 年 9 月，交通运输部修订印发了《汽车客运站安全生产规范》（交运规〔2019〕19 号，以下简称《规范》），自 2019 年 11 月 1 日起施行，有效期 5 年。

原文链接：http://xxgk.mot.gov.cn/jigou/ysfws/201910/t20191010_3281235.html

《规范》适用于所有等级汽车客运站（以下简称汽车客运站）的安全生产管理工作。修订后的《规范》整合了原《规范》和《交通运输部关于印发汽车客运站营运客车安全例行检查及出站检查工作规范的通知》两个文件内容，包括总则、安全生产管理职责、安全生产基础保障、安全生产管理制度、安全生产隐患排查治理与安全生产监督、附则等 6 章，共 38 条，以落实汽车客运站安全生产主体责任，有效预防和减少因汽车客运站源头管理不到位引发的生产安全事故。

十六、《国内集装箱多式联运运单》

2019 年 3 月，交通运输部制定印发了交通运输行业标准《国内集装箱多式联运运单》（JT/T 1244—2019，以下简称 JT/T 1244—2019 标准），2019 年 7 月 1 日起正式实施。

JT/T 1244—2019 标准规定了国内集装箱多式联运运单的性质和组成，以及运单的格式和使用。该标准适用于国内集装箱多式联运运单的设计与应用。该标准的发布有助于推动国内集装箱多式联运的发展，对于推动货运信息化标准化具有较大意义。

十七、《国内集装箱多式联运电子运单》

2019 年 3 月，交通运输部制定印发了交通运输行业标准《国内集装箱多式联运电子运单》（JT/T 1245—2019，以下简称 JT/T 1245—2019 标准），2019 年 7 月 1 日起正式实施。

JT/T 1245—2019 标准规定了国内集装箱多式联运电子运单的用例及设计原则、内容属性、信息模型及主要内容和代码集。该标准适用于国内集装箱多式联运相关参与方之间的数据交换和信息共享，以及国内多式联运信息系统的设计与开发。该标准的发布有助于推动国内集装箱多式联运的发展，对于推动货运信息化标准化具有较大意义。

十八、《综合客运枢纽导向系统布设规范》

2019 年 3 月，交通运输部制定印发了交通运输行业标准《综合客运枢纽导向系统布设规范》（JT/T 1247—2019，以下简称 JT/T 1247—2019 标准），2019 年 7 月 1 日起正式实施。

JT/T 1247—2019 标准通过规范综合客运枢纽导向系统的基本要求、进站导向系统、出站导向系统和换乘导向系统的设计与设置要求，解决现有相关导向系统标准存在的连续性、普遍性和适用性差等缺陷与不足，为综合客运枢纽导向系统的规划、设计、建设、运营与管理提供参考依据。该标准的制定，使综合客运枢纽导向系统的设置有标准可依，使旅客换乘更加快捷有序，为综合客运枢纽整体换乘效率的提升奠定了基础。

十九、《道路危险货物运输企业等级》

2019 年 3 月，交通运输部制定印发了交通运输行业标准《道路危险货物运输企业等级》(JT/T 1250—2019，以下简称 JT/T 1250—2019 标准)，2019 年 7 月 1 日起正式实施。

JT/T 1250—2019 标准规定了道路危险货物运输企业等级划分和等级条件。该标准适用于从事营业性道路危险货物运输企业基于市场需求的自评，行业管理部门对道路危险货物运输企业的分级指导，以及相关社团对道路危险货物运输企业的评定。该标准的制定，将有助于进一步规范、加强和改进我国道路危险货物运输管理工作。

行业篇

ROAD TRANSPORT SECTOR

第四章　道路旅客运输

2019 年，受高速铁路成网运行、私家车保有量持续提升等因素影响，客运出行结构进一步调整，道路旅客量和旅客周转量延续下降趋势，转型升级、创新发展的步伐加快。

第一节　运量变化

一、道路客运量及旅客周转量

2019 年，全国营业性客运车辆完成道路客运量 130.1 亿人、旅客周转量 8857.1 亿人公里，同比分别减少 4.8% 和 4.5%。2015—2019 年全国道路客运量及旅客周转量变化情况如图 4-1 所示。

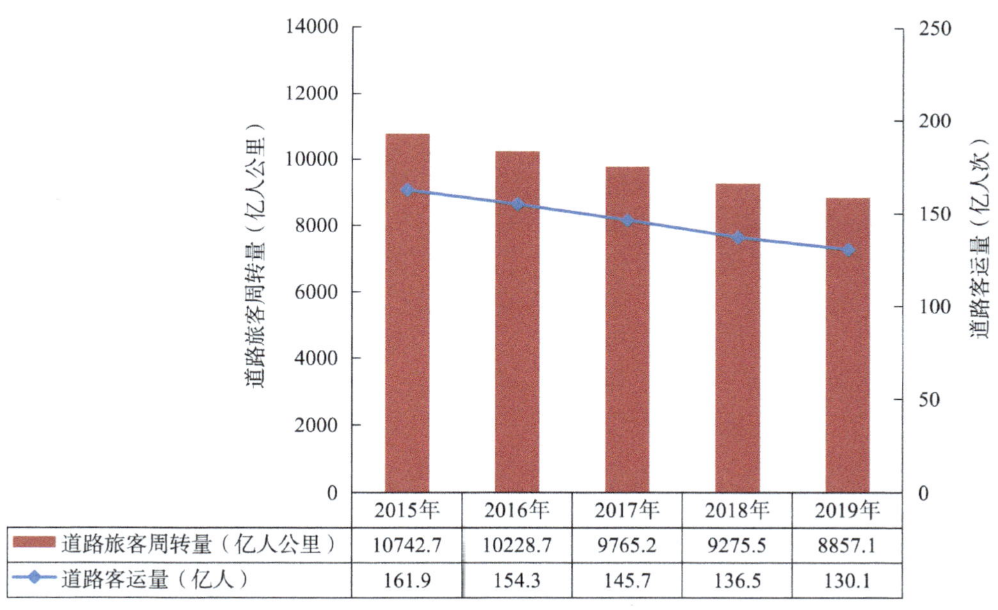

图 4-1　2015—2019 年全国道路客运量及旅客周转量变化情况

二、道路客运在综合运输体系中的地位和作用

2019 年，道路客运量、旅客周转量在综合运输体系中所占比例分别为 73.9% 和 25.1%，道路客运继续在综合运输体系中发挥基础性和主体性作用。2015—2019 年道路运输完成的客运量在综合运输总量中所占比例如图 4-2 所示。

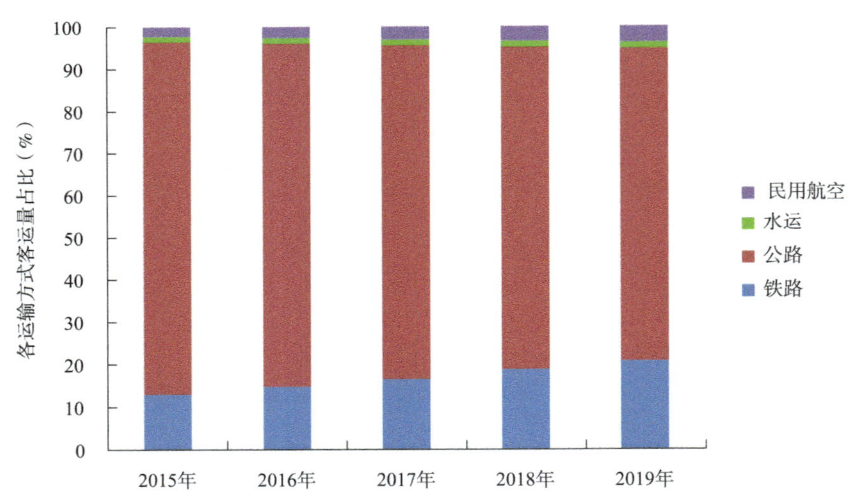

图 4-2　2015—2019 年各运输方式完成客运量在综合运输体系中所占比例

第二节　市场主体

一、道路客运业务类型及业户规模

2019 年，道路旅客运输市场集中度有所提高，全国从事道路旅客运输的业户为 3.2 万户，同比减少 4.6%。其中道路旅客运输企业 1.2 万户，同比增加 4.4%；个体运输户 2.1 万户，同比减少 9.0%。从业务类型看，截至 2019 年底，全国共有班车客运经营业户 2.8 万户，同比减少 7.3%；旅游客运经营业户 2319 户，同比增长 7.1%；包车客运经营业户 3935 户，同比增长 22.2%。2019 年全国道路旅客运输经营业户构成情况见表 4-1。

2019年全国道路旅客运输经营业户构成（单位：户）　　**表4-1**

类　型	合　计	客运企业	个体运输户
班车客运	28015	7583	20432
旅游客运	2319	2310	9
包车客运	3935	3855	80

道路客运企业中拥有车辆数在 10～49 辆 / 户的比例持续保持最高，分别有 43.0% 的班车客运企业、50.7% 的旅游客运企业以及 47.9% 的包车客运企业。2019 年全国客运企业车辆规模构成情况如图 4-3 所示。

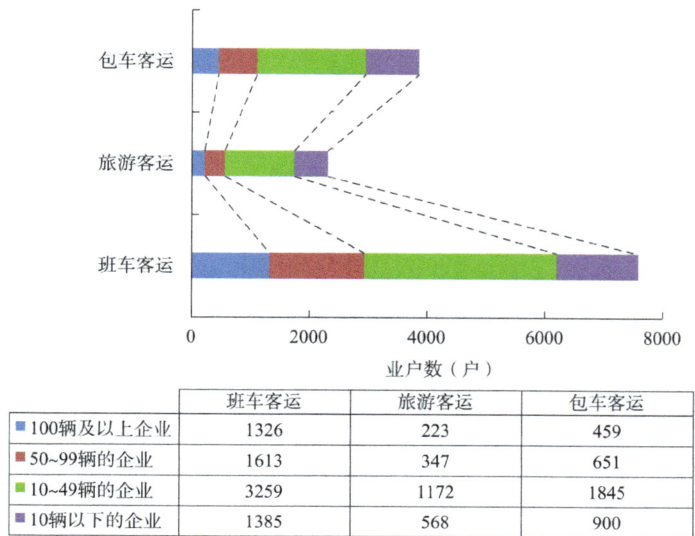

	班车客运	旅游客运	包车客运
100辆及以上企业	1326	223	459
50~99辆的企业	1613	347	651
10~49辆的企业	3259	1172	1845
10辆以下的企业	1385	568	900

图 4-3　2019 年全国客运企业车辆规模构成情况

总体来看，2019 年拥有道路客运车辆数在 100 辆以下的班车客运企业数量有所增加，拥有车辆 100 辆及以上的企业数量有所下降，同比下降 4.4%；旅游客运企业中，拥有车辆数在 5 辆以上的企业数量均大幅提升，特别是拥有车辆 100 辆及以上、50～99 辆的企业数量，分别同比增加 22.5%、30.0%；对于包车客运企业，拥有车辆数各区间的企业数量均有所上升，其中数在 100 辆及以上的企业数量同比增幅高达 31.9%。

二、地区分布

2019 年，全国道路客运经营业户平均每户所拥有的车辆数为 24.2 辆，同比增长了 2.1%，旅客运输市场的运输资源集中度进一步提升。其中北京、天津、上海、江苏、浙江、福建、山东、广东、海南、山西、江西、河南、广西、重庆、四川、贵州、西藏、陕西、甘肃、宁夏、新疆 21 个省（自治区、直辖市）的道路客运经营业户平均拥有的车辆数超过了全国平均水平。2019 年全国各省（自治区、直辖市）道路客运经营业户平均拥有车辆数量情况如图 4-4 所示。

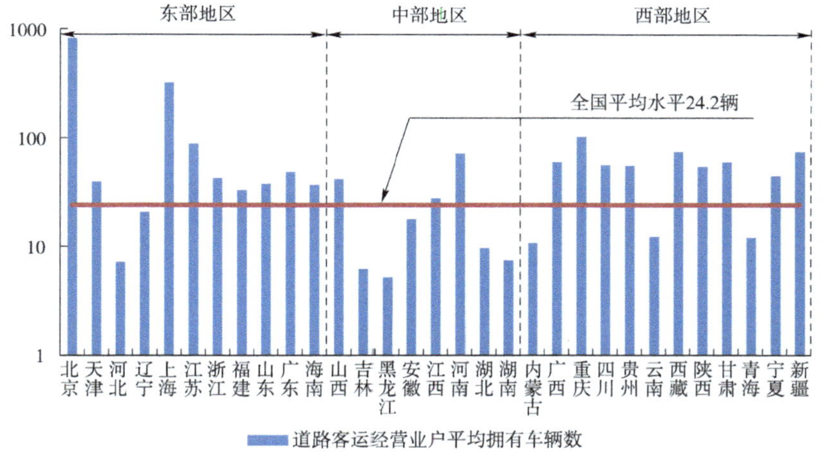

图 4-4　2019 年全国各省（自治区、直辖市）道路客运经营业户平均拥有车辆数量情况[1]

[1] 东部地区包括：北京、天津、河北、辽宁、上海、江苏、浙江、福建、山东、广东、海南 11 个省（直辖市）；中部地区包括：山西、吉林、黑龙江、安徽、江西、河南、湖北、湖南 8 个省；西部地区包括：内蒙古、广西、重庆、四川、贵州、云南、西藏、陕西、甘肃、青海、宁夏、新疆 12 个省（自治区、直辖市）。

三、从业人员

截至 2019 年底，全国共有道路旅客运输从业人员 261.4 万人，同比减少 5.3%。其中客运驾驶员 195.3 万人，乘务员 30.8 万人，同比分别下降 2.1% 和 14.9%。东部地区和中部地区的道路旅客运输从业人员分别占总数的 35.9%、25.3%，同比分别减少 0.2 个、0.9 个百分点；西部地区的道路旅客运输从业人员占总数的 38.8%，同比增加 1.2 个百分点。2019 年全国道路客运驾驶员和乘务员地区分布情况见表 4-2。

2019年全国道路客运驾驶员和乘务员地区分布情况 **表4-2**

从业人员类型		东部地区		中部地区		西部地区	
		数量（万人）	比例（%）	数量（万人）	比例（%）	数量（万人）	比例（%）
道路旅客运输从业人员		94.0	35.9	66.1	25.3	101.4	38.8
其中	客运驾驶员	77.7	39.8	46.1	23.6	71.6	36.6
	乘务员	7.1	23.1	13.6	44.1	10.1	32.8

第三节 客运车辆

全国道路营运客车车辆数及客位数总体呈小幅度下降，2019 年，全国道路营运客车 77.7 万辆，同比减少 2.5%；客位数为 2002.5 万个，同比减少 2.2%，平均客位数为 25.8 个 / 辆，同比增加 0.1 个 / 辆。其中，大型客车 30.3 万辆、客位数 1334.3 万个，平均客位数为 44.0 个 / 辆，与 2018 年基本持平。

截至 2019 年底，全国农村道路客运车辆达 27.0 万辆，同比减少 6.7%，客位数共计 533.6 万个，同比减少 43.1 万个，降幅为 7.5%。2019 年全国农村道路客运车辆类型构成情况见表 4-3。

2019年全国农村道路客运车辆类型构成情况 **表4-3**

按等级分	高级		中级		普通	
	车辆数（辆）	客位数（个）	车辆数（辆）	客位数（个）	车辆数（辆）	客位数（个）
	14342	411173	108436	2362626	147120	2561772
按车长分	大型及以上		中型		小型	
	车辆数（辆）	客位数（个）	车辆数（辆）	客位数（个）	车辆数（辆）	客位数（个）
	22429	936998	107403	2639649	140066	1758924

从地区分布来看，农村客运车辆客位总数主要分布在中部地区和西部地区，平均客位数排名由高到低为中部、西部、东部地区。东部、中部、西部地区分别有农村客运车辆 4.8 万辆、8.8 万辆、13.4 万辆，同比分别下降 15.6%、9.0%、1.5%。东部地区的客位数为 136.6 万个，车辆平均客位数为 28.3 个 / 辆，同比增加 0.5 个客位；中部地区的客位数为 183.7 万个，车辆平均客位数为 21.0 个 / 辆，同比增加 0.5 个客位；西部地区的客位数为 213.2 万个，车辆平均客位数为 15.9 个 / 辆，同比减少 0.3 个客位。2019 年全国农村客运车辆的地区分布情况见表 4-4。

2019年全国农村客运车辆的地区分布情况　　　　**表4-4**

指　　标	东部地区	中部地区	西部地区
车辆数（万辆）	4.8	8.8	13.4
客位数（万个）	136.6	183.7	213.2
平均每车客位数（个/辆）	28.3	21.0	15.9

全国农村客运车辆数列前10位的省（自治区、直辖市）是：云南（26378辆）、四川（23430辆）、湖南（20774辆）、新疆（20614辆）、湖北（18390辆）、河南（16742辆）、贵州（15037辆）、甘肃（11020辆）、重庆（10736辆）、广西（9908辆），排名及增长率变化情况如图4-5所示。

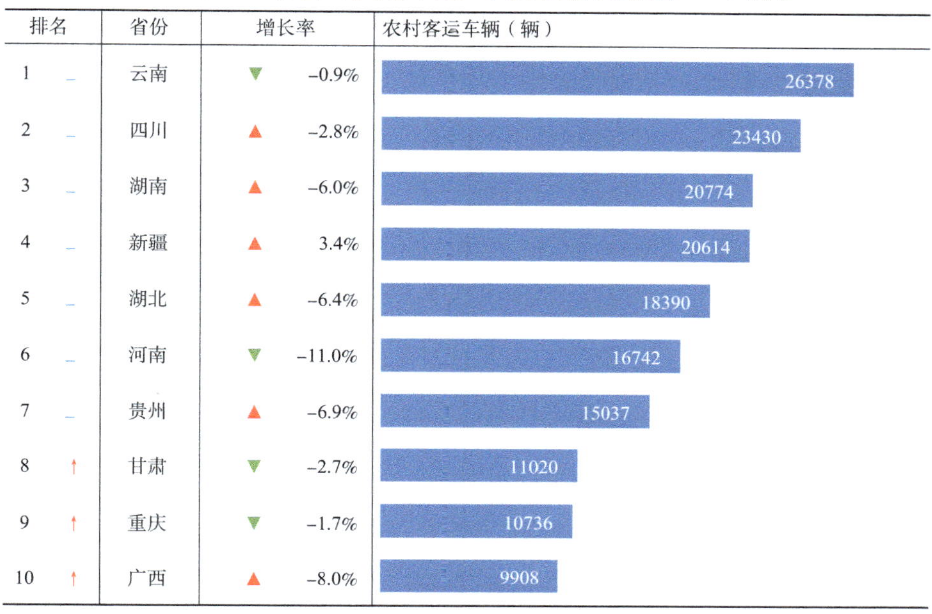

图4-5　2019年全国农村客运车辆数量排名前10位省（自治区、直辖市）

第四节　班线客运

一、线路数量

2019年，长途客运结构持续调整，800公里以上长途客运班线、省际旅游包车退出市场工作有序进行，全国客运班线数量逐步减少。截至2019年底，全国客运班线条数合计15.6万条，同比减少10021条；平均日发班次120.0万次，同比减少13.7万次，减少10.3%。从线路类别看，跨省线路、跨地（市）线路、跨县线路、县内线路条数和平均日发班次均有所下降，其中跨省线路13839条，同比减少1742条，年平均日发班次43533次，同比下降7.5%；跨地（市）线路32726条，同比减少2516条，年平均日发班次145165次，同比下降8.6%。2015—2019年道路客运班线开通及班车发车密度情况见表4-5。

2015—2019年全国道路客运班线开通及班车发车密度情况　　　　**表4-5**

班线开通情况		2015年	2016年	2017年	2018年	2019年
总计	线路（万条）	18.1	17.8	17.4	16.6	15.6
	年平均日发班（万次/日）	164.8	154.8	146.4	133.7	120.0

续上表

班线开通情况		2015 年	2016 年	2017 年	2018 年	2019 年
跨省	线路（万条）	1.8	1.7	1.7	1.6	1.4
	年平均日发班（万次 / 日）	5.9	5.5	5.2	4.7	4.4
跨地（市）	线路（万条）	3.7	3.6	3.6	3.5	3.3
	年平均日发班（万次 / 日）	19.6	18.2	17.2	15.9	14.5
跨县	线路（万条）	3.5	3.4	3.3	3.2	2.9
	年平均日发班（万次 / 日）	31.3	30.2	28.0	26.1	23.0
县内	线路（万条）	9.1	9.0	8.8	8.4	8.0
	年平均日发班（万次 / 日）	107.9	100.9	96.0	87.0	78.1

2019 年全国高速公路客运线路为 26523 条，同比减少 2084 条，其中 400 公里以内的线路为 18326 条，同比减少 979 条，平均每条线路日发班次 5.1 个；400～800 公里的线路 5536 条，同比减少 471 条，平均每条线路日发班次 2.0 个；800 公里以上的线路 2662 条，同比减少 634 条，平均每条线路日发班次 1.5 个。2018 年和 2019 年全国高速公路客运班线开通情况比较见表 4-6。

2018年和2019年全国高速公路客运班线开通情况比较 **表4-6**

线路长度	班线开通条数（条）		年平均日发班次（班次 / 日）		平均每条线路日发班次（个 / 日）	
	2018 年	2019 年	2018 年	2019 年	2018 年	2019 年
<400 公里	19305	18326	88678	94376	4.6	5.1
≥400 且 <800 公里	6007	5536	10628	11214	1.8	2.0
≥800 公里	3296	2662	4520	3894	1.4	1.5

二、线路长度

2019 年，营运里程在 800 公里以上的道路客运班线为 3742 条，同比减少 738 条；400～800 公里的道路客运班线为 9138 条，同比减少 695 条；400 公里以下的道路客运班线为 143330 条，同比减少 8588 条。2018 年和 2019 年道路客运班线不同线路长度分布如图 4-6 所示。

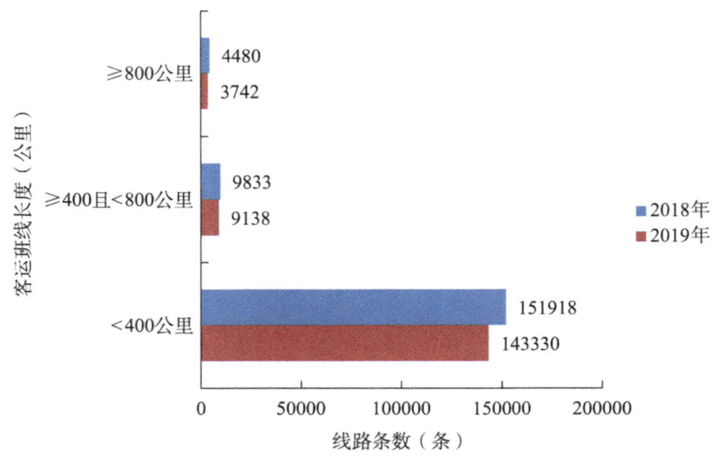

图 4-6　2018 年和 2019 年道路客运班线不同线路长度分布比较

三、线路分布

2019 年，道路客运班线数量列全国前 10 位的省（自治区）是：湖南（11721 条）、四川（10743 条）、湖北（10439 条）、广东（9481 条）、广西（9164 条）、安徽（8114 条）、河南（7719 条）、江苏（7445 条）、贵州（7106 条）、云南（6856 条）。这些省（自治区）开通的班线数及年平均日发班次数如图 4-7 所示。

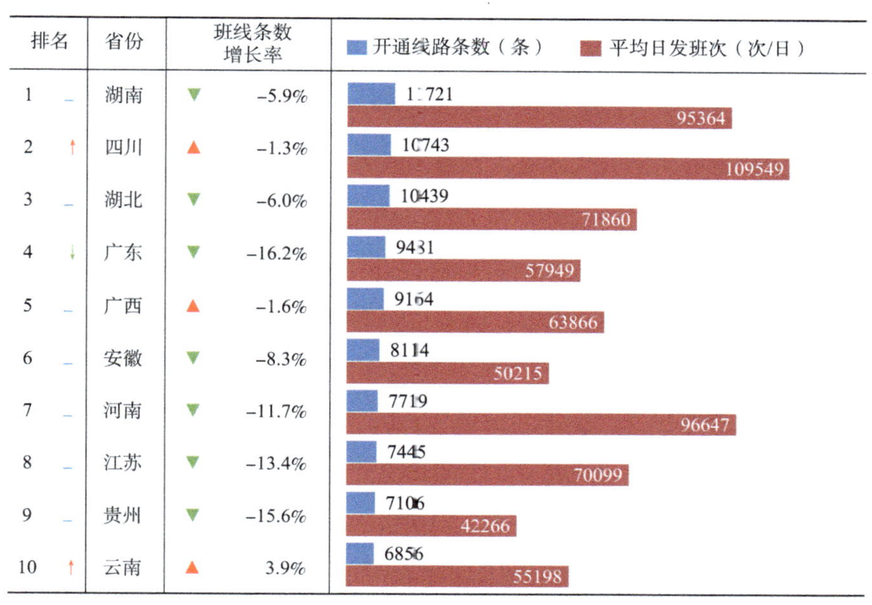

图 4-7　2019 年开通班线数列全国前 10 位省（自治区）的客运班线及平均日发班次数

2019 年，开通 800 公里以上道路客运班线数量列全国前 10 位的省（自治区、直辖市）是：广东（1170 条）、浙江（764 条）、广西（646 条）、湖北（526 条）、上海（485 条）、湖南（362 条）、江苏（353 条）、安徽（349 条）、贵州（289 条）、四川（283 条），如图 4-8 所示。2019 年全国东、中、西部地区开通客运班线、跨省客运班线及高速公路客运班线数量排名前 5 位省（自治区、直辖市）见表 4-7。

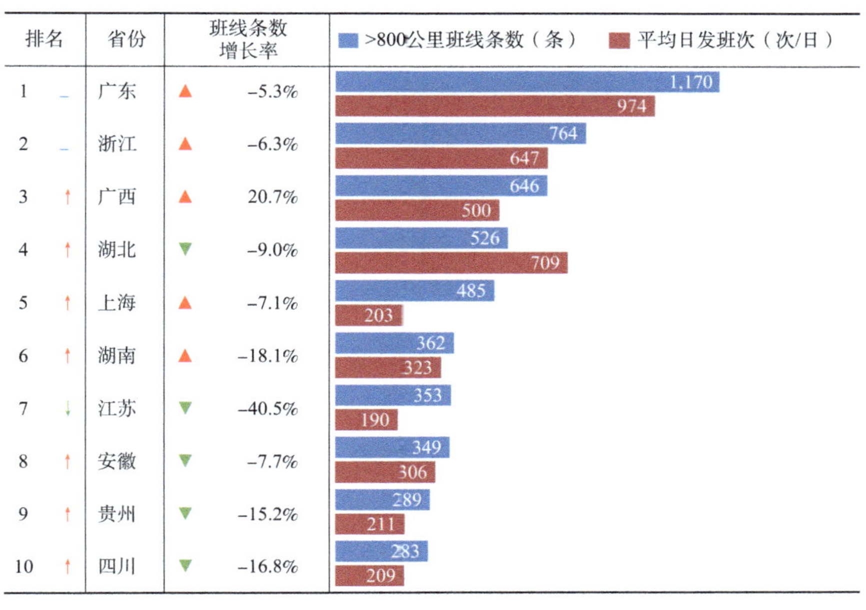

图 4-8　2019 年开通 800 公里以上班线数列全国前 10 位省（自治区、直辖市）的客运班线及日发班次数

2019年全国东、中、西部地区开通客运班线、跨省客运班线及高速公路客运班线数量排名前5位省（自治区、直辖市） **表4-7**

序号	东部地区		中部地区		西部地区	
	省（自治区、直辖市）	客运班线数量(条)	省（自治区、直辖市）	客运班线数量(条)	省（自治区、直辖市）	客运班线数量(条)
1	广　东	9481	湖　南	11721	四　川	10743
2	江　苏	7445	湖　北	10439	广　西	9164
3	河　北	6398	安　徽	8114	贵　州	7106
4	辽　宁	6363	河　南	7719	云　南	6856
5	浙　江	6129	黑龙江	6278	重　庆	5684
序号	东部地区		中部地区		西部地区	
	省（自治区、直辖市）	跨省客运班线数量（条）	省（自治区、直辖市）	跨省客运班线数量（条）	省（自治区、直辖市）	跨省客运班线数量（条）
1	江　苏	2999	安　徽	2020	广　西	1747
2	上　海	2776	河　南	1181	重　庆	898
3	广　东	2625	湖　南	1064	四　川	787
4	浙　江	1781	湖　北	1035	内蒙古	732
5	河　北	1368	江　西	903	贵　州	524
序号	东部地区		中部地区		西部地区	
	省（自治区、直辖市）	高速公路客运班线（条）	省（自治区、直辖市）	高速公路客运班线（条）	省（自治区、直辖市）	高速公路客运班线（条）
1	广　东	5307	湖　北	1624	四　川	2471
2	江　苏	2615	安　徽	1275	广　西	1643
3	上　海	2408	湖　南	1232	贵　州	1558
4	浙　江	2176	河　南	897	重　庆	1235
5	山　东	1561	山　西	770	云　南	863

第五节　农村客运

一、农村公路及农村客运站建设

2019 年，全国农村客运站总数达到 31.7 万个，同比增加 2.7%。2019 年全国东、中、西部地区农村客运站数量排名前 5 位省（自治区、直辖市）见表 4-8。其中东部地区农村客运站总数为 12.8 万个，同比减少 4.0%；中部、西部地区农村客运站总数分别为 11.6 万个、7.2 万个，同比分别增加 9.6%、5.1%。

2019年全国东、中、西部地区农村客运站数量排名前5位省（自治区、直辖市）　表4-8

序号	东部地区		中部地区		西部地区	
	省（自治区、直辖市）	农村客运站个数（个）	省（自治区、直辖市）	农村客运站个数（个）	省（自治区、直辖市）	农村客运站个数（个）
1	山　东	61009	湖　北	27010	四　川	24726
2	河　北	37570	湖　南	26256	陕　西	12184
3	江　苏	11722	山　西	23406	甘　肃	11309
4	广　东	8547	河　南	20138	重　庆	8872
5	浙　江	3371	江　西	13987	广　西	5182

2019 年，全国农村客运站建设共完成投资 7.3 亿元，规模较 2018 年大幅下降，同比减少 47.9%；其中政府投资 3.9 亿元，占总投资额的 53.3%，同比减少了 17.3 个百分点。2018 年和 2019 年全国农村客运站建设投资情况见表 4-9。

2018年和2019年全国农村客运站建设投资情况　表4-9

投资情况		2018 年	2019 年
当年农村客运站建设投资（亿元）		14.0	7.3
其中	政府投资额（亿元）	9.9	3.9
	政府投资比例（%）	70.6	53.3

二、通达情况

2019 年，全国乡镇和建制村通客车率分别达 99.07% 和 99.04%，同比分别增长 0.51% 和 1.99%。全国共开通农村客运班线 85530 条，同比减少 4.7%，年平均日发班次 77.9 万次，同比减少 11.6%。全国东部地区开通的农村客运班线数为 1.5 万条，同比减少 8.9%；中部地区开通的农村客运班线数为 3.3 万条，同比减少 4.7%；西部地区开通的农村客运班线数为 3.7 万条，同比下降 2.7%。2019 年全国东、中、西部地区农村客运班线数量排名前 5 位省（自治区）见表 4-10。

2019年全国东、中、西部地区农村客运班线数量排名前5位省（自治区）　表4-10

序号	东部地区			中部地区			西部地区		
	省（自治区、直辖市）	农村客运班线（条）	年平均日发班（次/日）	省（自治区、直辖市）	农村客运班线（条）	年平均日发班（次/日）	省（自治区、直辖市）	农村客运班线（条）	年平均日发班（次/日）
1	辽　宁	3573	27290	湖　南	7220	76340	四　川	6919	80733
2	河　北	2847	32586	湖　北	6601	50960	云　南	5116	49159
3	浙　江	1775	33695	黑龙江	4404	14182	贵　州	4633	29462
4	福　建	1759	19690	吉　林	3588	17901	新　疆	3636	21655
5	江　苏	1640	27130	河　南	3385	71187	甘　肃	3591	16956

第六节 客运站场建设及运营

一、站场建设

2019 年，全国道路客运站建设共完成投资 155.9 亿元，同比减少 5.1%。其中政府投资 36.8 亿元，下降趋势明显，同比减少 48.7%，投资额占总投资的 23.6%，同比降低 20.1 个百分点，企业自有资金、银行贷款、利用社会资本等方式投资规模增大。截至 2019 年底，全国客运站总数达 41.2 万个，同比增长 6.1%；等级客运站 19749 个，同比减少 242 个，降幅为 1.2%；简易站及招呼站 39.2 万个，同比增加 2.4 万个，增幅为 6.5%。

等级客运站中，一级客运站 939 个，同比增长 3.0%；二、三、四级客运站分别为 1889 个、1622 个、5078 个，同比分别下降 1.4%、6.7%、6.3%。2015—2019 年全国等级客运站发展情况见表 4-11。截至 2019 年底，全国共有 1738 个二级客运站配备了安全检测仪，占二级客运站总数的 92.0 %，占比同比减少 1.6 个百分点；有 775 个三级客运站配备了安全检测仪，占三级客运站总数的 47.8%，占比同比增加 2.6 个百分点。

2015—2019年全国等级客运站发展情况（单位：个） **表4-11**

年　份	一级客运站	二级客运站	三级客运站	四级客运站
2015 年	847	1952	1965	5738
2016 年	857	1949	1943	5664
2017 年	881	1940	1835	5597
2018 年	912	1916	1739	5421
2019 年	939	1889	1622	5078

二、站场经营

截至 2019 年底，全国共有道路客运站经营业户 2.1 万户，同比基本持平。从事客运站经营的人员 27.2 万人，同比减少 2.7 万人，降幅为 9.1%。东、中、西部地区客运站经营业户占全国的比例分别为 22.3%、38.4% 和 39.3%；东、中、西部地区客运站从业人员占全国的比例分别为 30.4 %、41.4 % 和 28.2%，中部和西部地区客运站的经营业户和从业人员所占比例均有所增加。2019 年道路客运站经营业户及从业人员地区分布如图 4-9 所示。

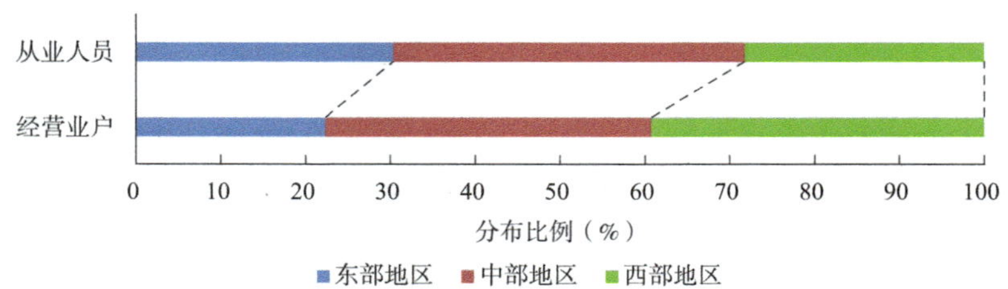

图 4-9　2019 年道路客运站经营业户及从业人员地区分布比例

2019 年，一级客运站和二级客运站日均旅客发送量 1050.9 万人次，占全部等级客运站旅客发送量的 71.6%，同比上升了 0.4 个百分点。其中，一级客运站年平均日发送旅客 500.3 万人，占全部客运站年平均日发送旅客的 34.1%；二级客运站年平均日发送旅客 550.6 万人，占全部客运站年平均日发送旅客的 37.5%。2018 年和 2019 年全国客运站平均日旅客发送量及平均日发班次比较情况见表 4-12。

2018年和2019年全国客运站平均日旅客发送量及发班次比较　　表4-12

客运站等级	平均日旅客发送量（万人次）		平均日发班次（万次）	
	2018 年	2019 年	2018 年	2019 年
一级客运站	539.3	500.3	31.6	29.1
二级客运站	635.4	550.6	41.1	37.4
其余客运站	475.5	417.7	49.5	46.0
总计	1650.2	1468.6	122.2	112.5

第五章　道路货物运输

2019 年，我国货物运输仍然以道路运输为主，但受货物运输结构调整影响，道路货物运输量小幅度下降，道路货运高质量发展加快推进。

第一节　运量变化

一、道路货运量及货物周转量

2019 年，全社会完成道路货运量 343.5 亿吨、货物周转量 59636.4 亿吨公里，同比分别下降 13.2% 和 16.3%。2015—2019 年全国道路货运量及货物周转量变化情况如图 5-1 所示。

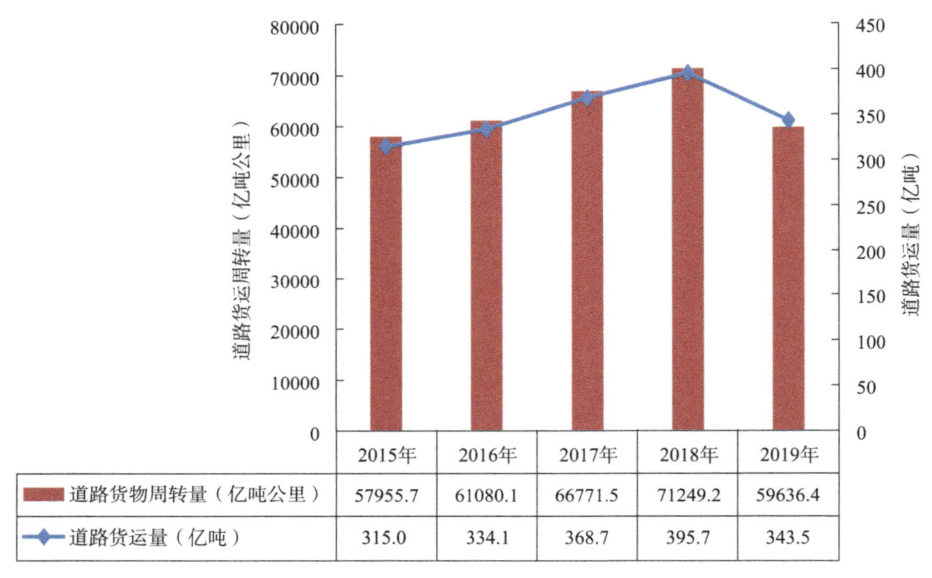

	2015年	2016年	2017年	2018年	2019年
道路货物周转量（亿吨公里）	57955.7	61080.1	66771.5	71249.2	59636.4
道路货运量（亿吨）	315.0	334.1	368.7	395.7	343.5

图 5-1　2015—2019 年全国道路货运量及货物周转量变化情况[1]

二、道路货运在综合运输体系中的作用

道路货运依然在综合运输体系中发挥着主体作用。2019 年，全社会道路运输完成货运量在综合运输总量中所占比例为 74.4%，同比下降了 3.8 个百分点；全社会道路运输完成货物周转量在综合运输总量中所占比例为 30.8%，同比下降了 4.9 个百分点。2015—2019 年道路运输完成的货运量和货物周转量在综合运输总量中所占比例如图 5-2 和图 5-3 所示。

[1] 根据 2019 年道路货物运输量专项调查，对 2019 年道路货物运输量统计口径进行了调整，数据与上年按可比口径计算。

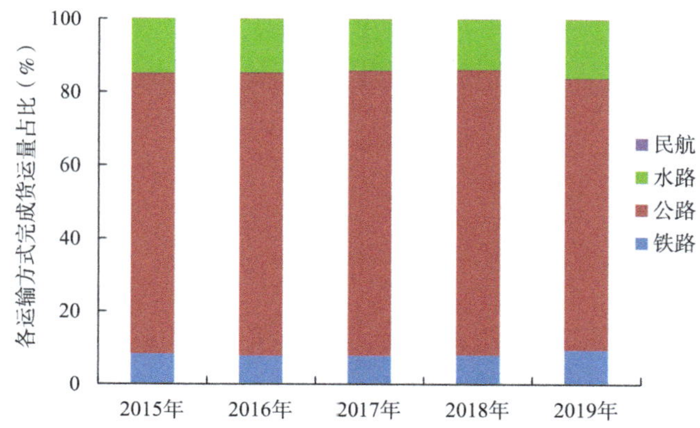

图 5-2 2015—2019 年道路运输完成货运量在综合运输体系中所占比例

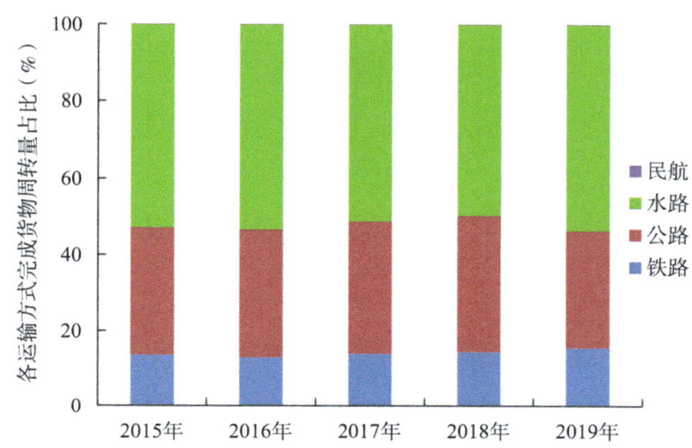

图 5-3 2015—2019 年道路运输完成货物周转量在综合运输体系中所占比例

第二节 市场主体

一、业户类型及业户规模

道路货物运输市场主体结构持续优化。2019 年从事道路货物运输的经营业户为 388.4 万户，同比减少了 181.5 万户，减少 31.9%。其中，道路货物运输企业 51.3 万户，同比减少 5.3 万户；个体运输户 337 万户，同比减少 176.3 万户，市场主体结构进一步呈现经营业户规范化、专业化和规模化的发展趋势。根据经营范围划分，截至 2019 年底，共有普通货物运输经营业户 381.4 万户，同比减少 31.7%；货物专用运输经营业户 9.9 万户，同比下降 1.0%(其中集装箱运输经营业户 35406 户，同比增长 14.3%)；大型物件运输经营业户 22097 户，同比增长 33.3%；危险货物运输经营业户 12742 户，同比增长 5.3%。2019 年全国道路货物运输经营业户构成如表 5-1 所示。

2019年全国道路货物运输经营业户构成 **表5-1**

类　　型	合　　计	货运企业	个体运输户	个体运输户比例（%）
普通货物运输（万户）	381.4	47.8	333.6	87.5
货物专用运输（万户）	9.9	6.2	3.7	37.7
其中：集装箱运输（户）	35406	32293	3113	8.8

续上表

类　型	合　计	货运企业	个体运输户	个体运输户比例（%）
大型物件运输（户）	22097	11550	10547	47.7
危险货物运输（户）	12742	12742	0	0

2019 年，在全国货运企业中，有 76.9% 的货运企业拥有车辆数不足 10 辆，同比下降了 4.6 个百分点，表明运输企业的规模化程度有所增加。其中有 79.0% 的普通货物运输企业、56.6% 的货物专用运输企业、51.6% 的集装箱运输企业、58.9% 的大型物件运输企业和 27.1% 的危险货物运输企业，拥有车辆数不足 10 辆。2019 年全国道路货运企业（不含普通货物运输企业）车辆规模构成如图 5-4 所示。

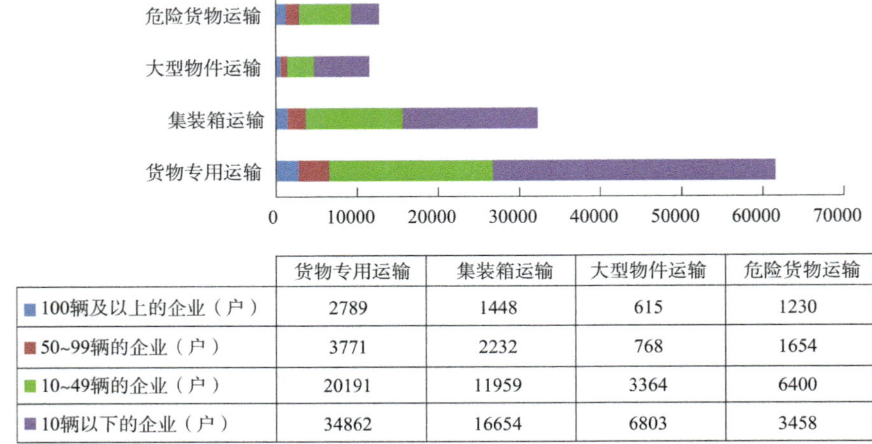

	货物专用运输	集装箱运输	大型物件运输	危险货物运输
100辆及以上的企业（户）	2789	1448	615	1230
50~99辆的企业（户）	3771	2232	768	1654
10~49辆的企业（户）	20191	11959	3364	6400
10辆以下的企业（户）	34862	16654	6803	3458

图 5-4　2019 年全国道路货运企业（不含普通货物运输企业）车辆规模构成

2019 年全国拥有车辆数在 10 辆及以上的货物专用运输企业、集装箱运输企业和大型物件运输企业占同类企业总数的比例均有所增加，同比分别增长 2.0 个、2.1 个、8.5 个百分点；拥有车辆数在 10 辆及以上的普通货物运输企业和危险货物运输企业占同类企业总数的比例分别为 21.0%、6.4%，同比分别下降了 44.3 个百分点和上升了 0.26 个百分点。此外，拥有车辆数在 50 辆及以上的普通货物运输企业和危险货物运输企业占同类企业总数的比例分别为 6.2%、22.6%，同比分别增长 1.2、0.4 个百分点；拥有车辆数在 50 辆及以上的货物专用运输企业、集装箱运输企业和大型物件运输企业占同类企业总数的比例分别为 10.7%、11.4%、12.0%，同比分别上升 0.4、0.6、2.8 个百分点。2018 年和 2019 年全国拥有车辆数在 10 辆以上的道路货运企业数量如图 5-5 所示。

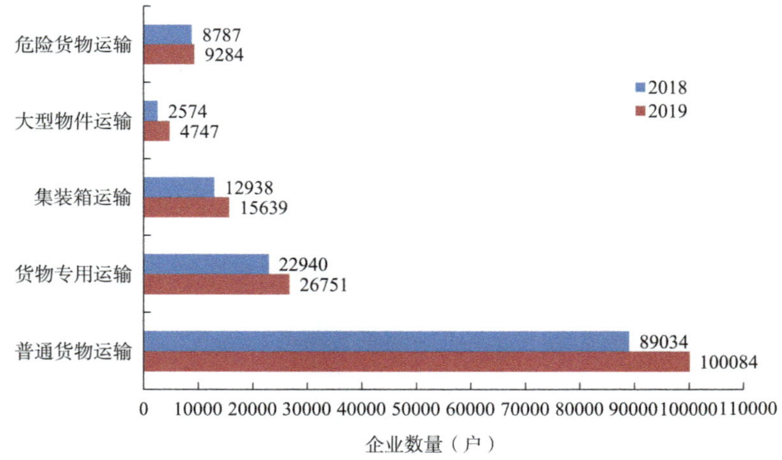

图 5-5　2018 年和 2019 年全国拥有车辆数在 10 辆以上的道路货运企业数量

二、地区分布

2019 年，全国道路货运经营业户平均每户拥有的货车数量为 2.8 辆，同比增加 17.7%。15 个省（自治区、直辖市）平均每户拥有的车辆数超过全国平均水平，分别为北京、天津、河北、山西、上海、浙江、安徽、福建、江西、山东、河南、广东、重庆、四川和新疆，分别占东部、中部和西部各地区营运货车总数的 74.1%、68.1% 和 37.7%。2019 年全国各省（自治区、直辖市）道路货运经营业户平均拥有车辆数量情况如图 5-6 所示。

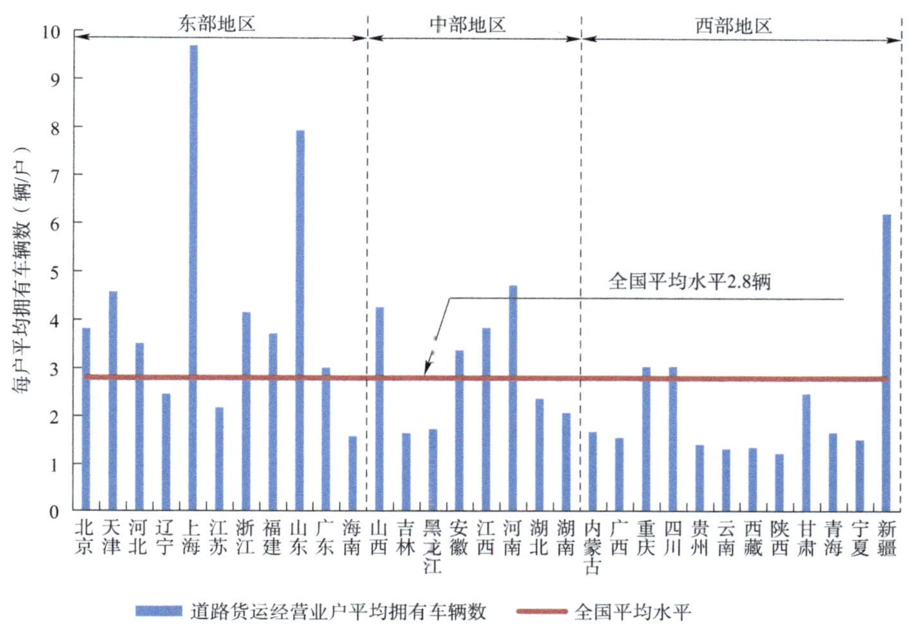

图 5-6 2019 年全国各省（自治区、直辖市）道路货运经营业户平均拥有车辆数量情况

此外，各类道路货运经营业户数量的地区分布与国家经济发展梯度分布有着较强的关联性，东部地区和西部地区道路货运经营业户数量占比有所上升，分别为 35.3% 和 36.4%，同比分别增长 1.1 和 3.0 个百分点，中部地区则有所下降。2018 年和 2019 年全国道路货运经营业户地区分布见表 5-2。

2018年和2019年全国道路货运经营业户地区分布 **表5-2**

经营业户类型		东部地区		中部地区		西部地区	
		2018 年	2019 年	2018 年	2019 年	2018 年	2019 年
道路货物运输经营业户数（万户）		194.6	137.0	184.9	110.0	190.4	141.3
其中	普通货物运输（万户）	191.0	133.0	178.4	108.6	189.1	139.8
	货物专用运输（户）	72234	75013	17440	13425	10209	10416
	集装箱运输（户）	28367	32179	1462	1450	1141	1777
	大型物件运输（户）	12449	15923	1513	2615	2369	3559
	危险货物运输（户）	6322	6390	2683	2927	3098	3425

三、从业人员

截至 2019 年底，全国共有道路货物运输从业人员 1814.6 万人，同比减少 10.6%，其中驾驶员 1559.2 万人，同比减少 12.2%（包括危险货物运输驾驶员 79.4 万人，同比增长 2.5%）；危险货物运输押运员 79.6 万人，同比增长 4.3%；危险货物运输装卸管理员 6.6 万人，同比增长 4.8%。

东部地区道路货物运输从业人员占从业人员总数的 44.9%，同比增长了 1.6 个百分点；中部地区道路货物运输从业人员占从业人员总数的 29.4%，同比下降了 2.1 个百分点；西部地区道路货物运输从业人员占从业人员总数的 25.7%，同比增长了 0.6 个百分点。2019 年全国道路货物运输从业人员地区分布情况见表 5-3。

2019年全国道路货物运输从业人员地区分布情况 **表5-3**

从业人员类型		东部地区		中部地区		西部地区	
		数量（万人）	在全国占比（%）	数量（万人）	在全国占比（%）	数量（万人）	在全国占比（%）
道路货物运输从业人员		814.3	44.9	534.0	29.4	466.2	25.7
其中	道路货物运输驾驶员	668.3	42.9	457.0	29.3	433.9	27.8
	危险货物运输驾驶员	43.0	54.2	19.1	24.0	17.3	21.8
	危险货物运输押运员	47.6	59.8	17.5	22.0	14.5	18.2
	危险货物运输装卸管理员	3.1	47.4	2.4	36.6	1.1	16.0

第三节 货运车辆

2019 年全国营运货车总计 1087.8 万辆，同比下降 19.8%。按照车体结构分类，一体货车总计 540.3 万辆，占总量的 49.7%，吨位总计 5072.2 万吨，占总量的 37.3%；甩挂运输货车 547.5 万辆，占总量的 50.3%，吨位总计 8515.0 万吨，占总量的 62.7%。2019 年一体货车和甩挂运输货车数量及吨位结构如图 5-7 所示。

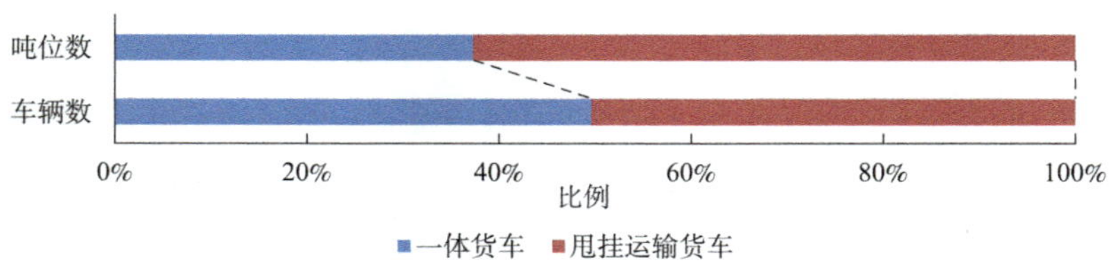

图 5-7 2019 年一体货车和甩挂运输货车数量及吨位结构

按照车辆用途划分，全国有普通货车 489.8 万辆，同比减少 40.0%，占总载货车辆数的 45.0%；专用货车 50.5 万辆，同比减少 4.0%，占总数的 4.6%。2019 年全国营运货车按车辆用途划分构成情况见表 5-4。

2019年全国营运货车按车辆用途划分构成情况　　**表5-4**

分　类	普通货车	专用货车		甩挂车辆	
			集装箱车	牵引车	挂　车
车辆数（万辆）	489.8	50.5	0.6	267.9	279.6
吨位数	4479.2 万吨	592.8 万吨	1.0 万 TEU	—	8515.0 万吨

第四节　普通货物运输

2019 年，全国从事普通货物运输的经营业户达 381.4 万户，同比减少 31.7%，其中个体运输户占总数的 87.5%，与 2018 年相比下降 2.9 个百分点；企业有 47.8 万户，同比减少 5.8 万户，占总体比例为 12.5%，与 2018 年相比增加 2.9 个百分点。2019 年全国普通货车数及吨位数分别为 489.8 万辆和 4479.2 万吨，普通货车数同比减少 40.0%，吨位数同比减少 6.5%。2015—2019 年全国普通货车数及吨位数变化情况如图 5-8 所示。

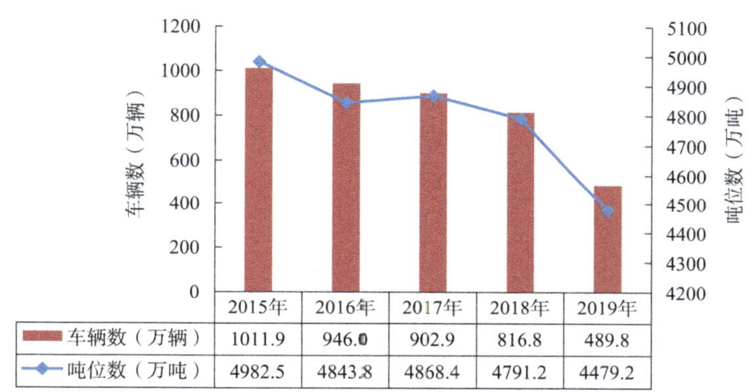

图 5-8　2015—2019 年全国普通货车数及吨位数变化情况

第五节　网络货物运输

为贯彻落实国务院关于“互联网 +”高效物流的重要指示和关于促进平台经济规范健康发展的指导意见，2019 年交通运输部在总结无车承运试点经验的基础上，联合国家税务总局印发了《网络平台道路货物运输经营管理暂行办法》，以及配套的《网络平台道路货物运输经营服务指南》《省级网络货运信息监测系统建设指南》《部网络货运信息交互系统接入指南》等指南，明确了网络货运新业态的法律定位、行为要求和监督管理的相关要求，为网络货运新业态发展创造有利的制度环境，推动解决道路货运行业长期积累的深层次矛盾和问题。组织开展网络货运发展专题培训班，明确了文件精神及要求，强调了客观认识网络货运、准确界定网络货运、有序规范网络货运的重要意义。

2016 年以来，无车承运人试点企业资源整合、优化物流市场格局、促进行业安全规范发展、物流降本增效方面取得积极成效，为培育壮大交通运输发展新动能打下了坚实基础，为从根本上解决道路货运小、散、弱的格局，提高组织化、集约化经营水平，加快道路货运转型升级起到了重要作用。监测数据显示，2019 年 1～11 月，229 家试点企业共整合货运车辆 211 万辆，占全国营运货车总数的 15.5%；试点企业车辆利用率提高约 50%，较传统货运交易成本降低 6%～8%。

专栏5-1　江苏省首张“道路网络货物运输经营许可证”落户物润船联

2019 年 12 月 29 日，江苏物润船联网络股份有限公司正式向张家港市交通运输管理部门提交了线上服务能力认定申请，并于 12 月 31 日通过审核，正式获得全江苏省首张“网络货运”道路运输经营许可证。

物润船联是国内领先的以船 / 车联网大数据 + 人工智能为基础，开展“互联网 +”高效物流、无运输工具承运的智慧物流服务商，企业依托“AIS(船舶自动识别系统)、电子围栏、人工智能、物流大数据、云计算”等核心技术，自主开发建设了包括“一站式综合智慧服务平台——水陆联运网”“船来了”“网络货运服务平台”等多项服务平台，被业内誉为货运版的“滴滴打车”。在此之前，企业已取得无车承运人、无船承运人、多式联运、互联网物流平台第三方税务代征等多项试点许可。目前平台实现在线运营船舶 12 万条，跟踪服务车辆 500 万辆，注册会员超过 26 万人，已加盟企业超 8 万家，为加盟企业平均降低物流运输成本达到 15% ~ 20%、降低采购成本 10% ~ 15%、降低供应链交易管理成本 8% ~ 10%。

——资料来源：中国交通新闻网

专栏5-2　天津运友物流“四立足、四构建”打造网络货运平台

天津运友物流科技股份有限公司作为无车承运人试点企业，立足物联网、大数据等先进信息技术，整合物流全链条资源，通过“四立足、四构建”，打造公开化、透明化、集约化物流平台，促进运输业务标准化、规范化、智能化发展，提升物流运行效率和服务水平，降低实体经济成本。

一是立足集约发展，构建智能化物流运作平台。建立无车承运人信息平台，推动货源车源整合集聚。平台运行 3 年来，累计交易货物总量达到 3398 万吨，运费交易额达 31 亿元，运输线路 8000 余条，辐射全国 325 个县市，整合运力 7.6 万台。

二是立足安全生产，构建全链条风险防控体系。严格对平台上的承运商、车辆、驾驶员进行资质审核，并全面对接公安系统和无车承运人运行监测系统，审核不通过的车辆或货车驾驶员，不允许接入平台。

三是立足关爱驾驶员，构建人性化驾驶员从业环境。通过建设“司机之家”、提供装卸车服务，改善驾驶员就业环境，节约驾驶员等待时间。四是立足行业转型，构建规范化物流发展生态。依托平台实时交易数据，形成了可反映运输价格水平和价格波动情况的指数体系，出台对应的吨公里指导价格，为行业上下游企业提供询价服务和决策支持。

——资料来源：天津运友物流科技股份有限公司

第六节　危险货物运输

一、业户及车辆情况

2019 年全国从事危险货物道路运输的业户为 12988 户，同比增加 5.7%。其中经营性危险货物道路运输业户 12783 户，同比增加 680 户，增长 5.6%，经营性危险货物道路运输业户占总业户的比例为 98.4%，同比减少了 0.1 个百分点；非经营性危险货物道路运输业户有 205 户，同比增加了 16 户。2015—2019 年全国危险货物道路运输业户及车辆发展情况如图 5-9 所示。

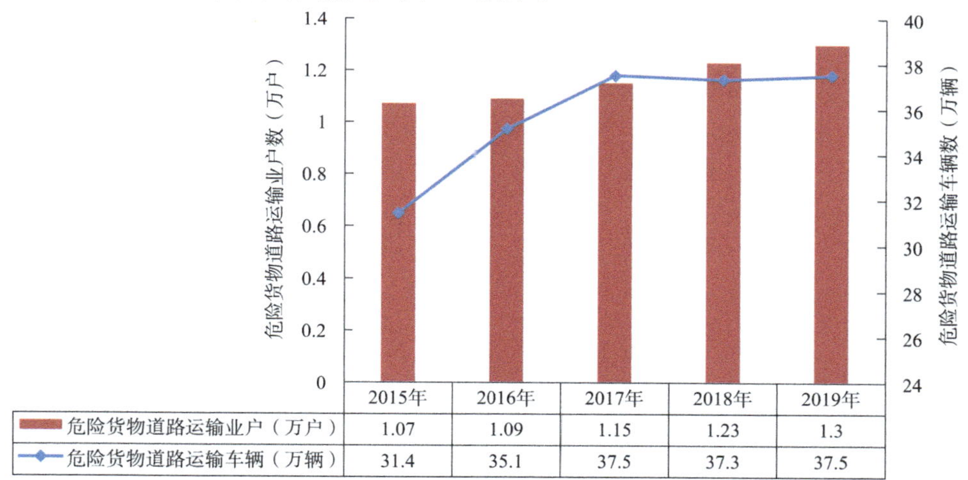

图 5-9 2015—2019 年全国危险货物道路运输业户及车辆发展情况

截至 2019 年底，全国危险货物道路运输车辆（包含危险货物道路运输挂车）达 37.5 万辆，同比增长 0.7%，经营业户平均拥有车辆 28.9 辆，同比下降 1.4 辆；吨位总计 760.8 万吨，同比增长 4.5%，平均每户载重吨位为 585.8 吨，同比下降 1.1%。按照《危险货物分类与品名编号》(GB 6944—2012) 和《危险货物品名表》(GB 12268—2012) 的分类，2019 年全国危险货物道路运输业户经营范围分布见表 5-5。

2019年全国危险货物道路运输业户经营范围分布情况 **表5-5**

运输物质	业户数（户）	占业户总数比例（%）
第 1 类 爆炸品	1472	11.3
第 2 类 气体	7614	58.6
第 3 类 易燃液体	8498	65.4
第 4 类 易燃固体、易于自燃的物质、和遇水放出易燃气体的物质	2684	20.7
第 5 类 氧化性物质和有机过氧化物	2418	18.6
第 6 类 毒性物质和感染性物质	2515	19.4
第 7 类 放射性物质	210	1.6
第 8 类 腐蚀性物质	4804	37.0
第 9 类 杂项危险物质和物品	2372	18.3
剧毒化学品	467	3.6

在危险货物道路运输企业中，拥有车辆数在 100 辆以上的企业占 9.7%，同比增长 0.6 个百分点；拥有车辆数在 50～99 辆的企业占 13.0%，同比下降 0.1 个百分点；拥有车辆数在 10～49 辆的企业占 52.2%，同比增长 1.7 个百分点；拥有车辆数在 10 辆以下的企业占 27.1%，同比下降 0.3 个百分点；个体运输户已完全退出危险货物道路运输市场。

二、地区分布

2019 年危险货物道路运输运能主要集中在东部地区，东部地区危险货物道路运输业户数、车辆数及吨位数占全国的比例依次为 50.3%、46.3% 和 49.0%。2019 年危险货物道路运输业户数、车辆数及吨位数在全国东、中、西部地区分布的情况如图 5-10 所示。

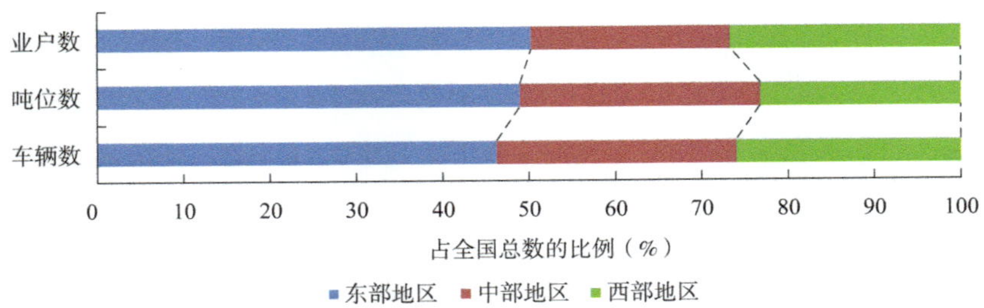

图 5-10　2019 年全国危险货物道路运输业户数、车辆数及吨位数地区分布情况

全国危险货物道路运输车辆总计吨位列前 10 位省（自治区）如图 5-11 所示，山东省危险货物道路运输车辆总吨位数达到 87.9 万吨，排名第一位。

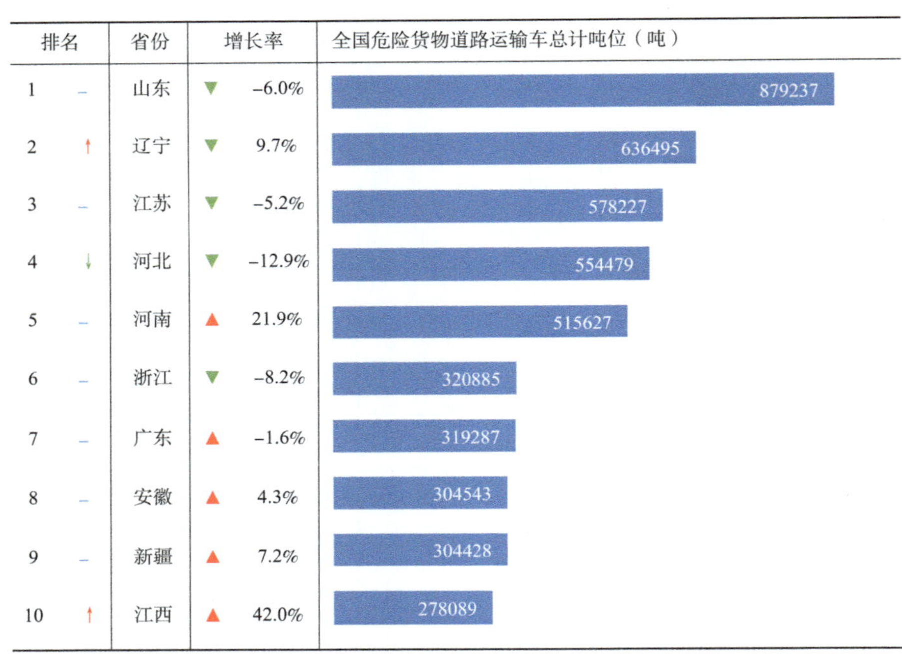

图 5-11　2019 年全国危险货物道路运输车总计吨位列前 10 位省（自治区）

第七节　集装箱运输

一、业户及车辆情况

2019 年，全国道路集装箱运输经营业户有 35406 户，同比增加 4436 户，增长 14.3%；其中道路集装箱运输企业 32293 户，同比增长 15.7%，所占比例达到 91.2%，同比增加 1.1 个百分点。2015—2019 年全国道路集装箱运输经营业户发展情况见图 5-12 所示。

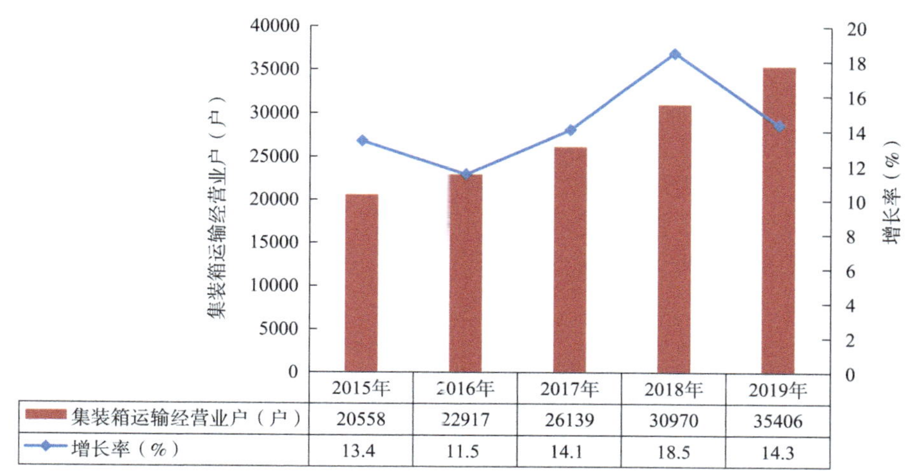

图 5-12　2015—2019 年全国道路集装箱运输经营业户发展情况

二、地区分布

2019 年，全国道路集装箱运输车辆及其标箱（TEU）数分别为 0.6 万辆和 1.0 万 TEU，东部地区道路集装箱运输车辆及其标箱（TEU）数依然处于领先地位，中、西部地区与东部地区的差距有所缩小。2019 年全国道路集装箱运输车辆总计标箱（TEU）数列前 10 位省（直辖市）如图 5-13 所示。

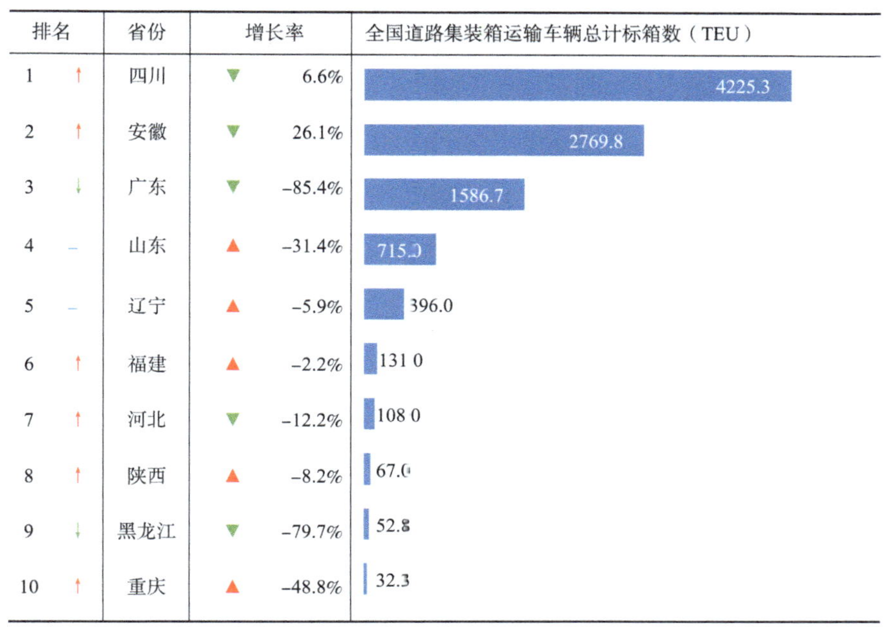

图 5-13　2019 年全国道路集装箱运输车总计标箱数列前 10 位省（直辖市）

第八节　货运场站建设及运营

一、站场建设

2019 年，全国汽车货运站建设共完成投资 88.3 亿元，同比减少了 66.6%，其中政府投资 14.3 亿元，占投资总额的 16.2%。截至 2019 年底，全国共有汽车货运站场 2168 个，同比减少 230 个。其中一级货运站 238 个，同比减少 48 个；二级货运站 221 个，同比增加 10 个；三级货运站 335 个，同比增加 13 个；四级货运站 1374 个，同比减少 205 个。2015—2019 年全国货运站数量等级变化情况如图 5-14 所示。

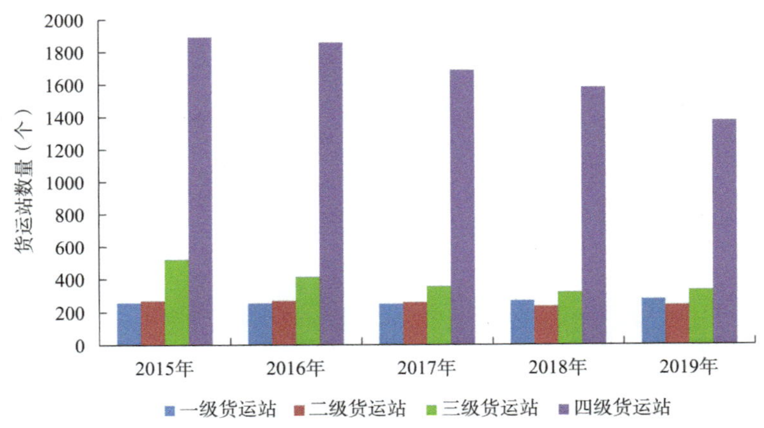

图 5-14　2015—2019 年全国等级货运站数量变化情况

2019 年，东部地区有 1272 个等级货运站，同比减少 288 个，占全国等级货运站总数的 58.7%，同比减少 6.4 个百分点，其中一级货运站 136 个，占全国一级货运站总数的 57.1%，同比减少 5.5 个百分点。中部地区有 462 个等级货运站，占全国等级货运站总数的 21.3%，同比增加 2.2 个百分点，其中一级货运站 57 个，占全国一级货运站总数的 23.9%，同比增加 4.0 个百分点。西部地区有 434 个等级货运站，占全国等级货运站总数的 20.0%，同比增加 4.1 个百分点，其中一级货运站 45 个，占全国一级货运站总数的 18.9%，同比增加 1.4 个百分点。西部地区货运站场的建设情况较 2018 年明显改善，东部地区货运站场建设情况保持领先地位。2019 年全国不同等级货运站地区分布情况如图 5-15 所示。

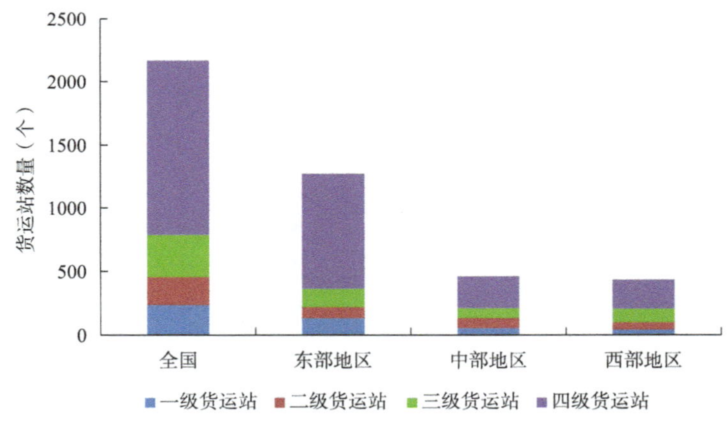

图 5-15　2019 年全国不同等级货运站地区分布情况

二、站场经营

2019 年，全国共有道路货运站经营业户 2168 户，同比减少 9.6%，货运站场从业人员 6.3 万人，同比减少 4.5%，主要分布在东部地区（表 5-6）。2019 年，全国汽车货运站完成的普通货运配载、快速专线货运、零担运输组织及集装箱拆拼箱业务平均日换算货物吞吐量达 272 万吨，其中一级货运站完成 87 万吨，占总量的 32.0%。

2019年全国道路货运站经营业户及从业人员地区分布情况 **表5-6**

地　　区	业户数（户）	比例（%）	从业人员（人）	比例（%）
东部地区	1272	53.7	40332	64.2
中部地区	462	21.3	11971	19.0
西部地区	434	20.0	10581	16.8
合　　计	2168	100.0	62884	100.0

第九节　货运相关服务

2019 年，道路货运相关服务经营业户共计 51406 户，比 2018 年减少 7.9%。货运代办依然是道路货运经营业户提供的主营服务，所占比例为 49.6%，比 2018 年增加了 0.8 个百分点，见表 5-7。

2015—2019年道路货运相关服务经营业户发展情况（单位：户） **表5-7**

年　　份	物流服务	货运代办	信息配载
2015 年	19622	33500	22121
2016 年	18811	32363	19780
2017 年	18152	31672	16799
2018 年	14996	27573	13265
2019 年	14935	25483	10988

中部地区物流服务和信息配载经营业户比例为全国最高，分别达到 39.7% 和 44.2%，同比分别增加 1.7 和 2.7 个百分点。2019 年各地道路货运相关服务经营业户分布情况见表 5-8。

2019年各地道路货运相关服务经营业户分布情况 **表5-8**

地　　区	物流服务（户）	比例（%）	货运代办（户）	比例（%）	信息配载（户）	比例（%）
东部地区	4494	30.1	17520	68.8	3635	33.1
中部地区	5934	39.7	4465	17.5	4856	44.2
西部地区	4507	30.2	3498	13.7	2497	22.7
合　　计	14935	100.0	25483	100.0	10988	100.0

第六章　道路运输相关业务

2019 年，伴随着机动车保有量的快速增长，人民群众对机动车维修与检测、驾驶员培训等服务品质的要求也越来越高。道路运输行业继续深化机动车维修检测和驾驶员培训服务改革，不断提升人民群众的获得感。

第一节　机动车维修与检测

一、机动车维修

1. 维修业务量

2019 年，全国机动车维修行业共完成维修量 32644.4 万辆次，同比下降了 4.4%。2015—2019 年全国机动车维修业务量及增长率变化情况如图 6-1 所示。

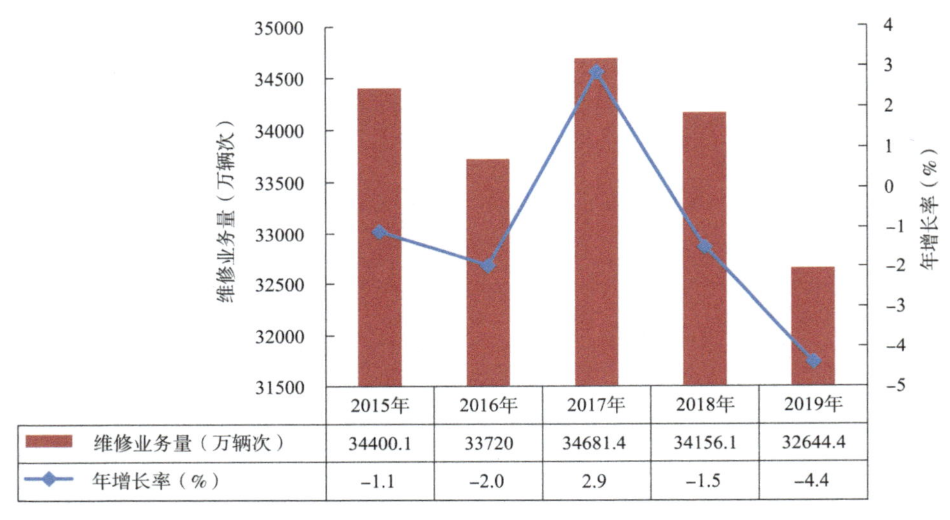

图 6-1　2015—2019 年全国机动车维修业务量及增长率变化图

从完成的业务类型看，专项修理依然是主要维修业务，全年完成专项维修量 23624.9 万辆次，占全部维修量的 72.4%，比 2018 年增加了 1.6 个百分点；二级维护 3255.5 万辆次，同比下降 6.5%；总成修理 941.6 万台次，同比下降 3.6%；整车修理 502.2 万辆次，同比上涨 6.4%；维修救援 503.5 万辆次，同比下降 2.4%。2018 年和 2019 年全国机动车维修业务完成量对比情况如图 6-2 所示。

2. 经营业户

（1）经营业户规模及构成。截至 2019 年底，全国共有机动车维修经营业户 41.9 万户，同比减少 1.1 万户，降幅为 2.6%。其中，三类汽车维修业户仍然是全国机动车维修业的主体，占比达到 69.7%，比 2018 年上涨 1.1 个百分点；摩托车维修业户数量则继续下降，降幅为 7.0%。2015—2019 年全国机动车维修经营业户发展情况见表 6-1。

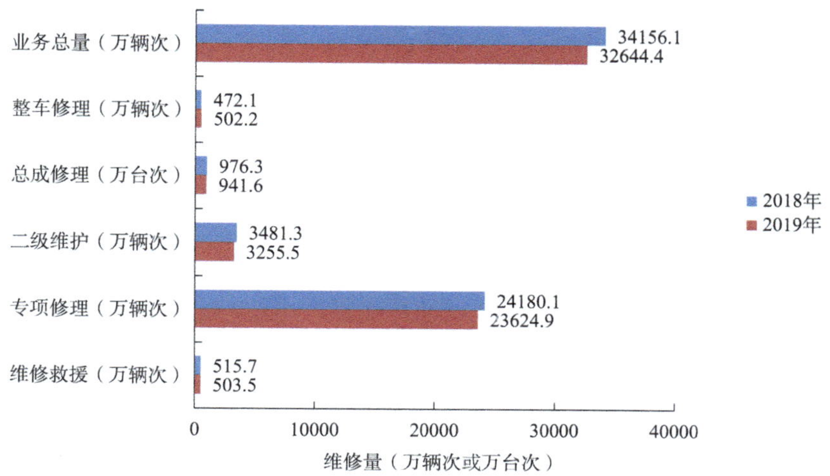

图 6-2　2018 年和 2019 年全国机动车维修主要业务完成情况

2015—2019年全国汽车、摩托车维修经营业户发展情况　　表6-1

年　份		2015 年	2016 年	2017 年	2018 年	2019 年
机动车维修经营业户数（万户）		45.9	44.6	44.0	43.0	41.9
分类	一类汽车维修业户（万户）	1.5	1.5	1.6	1.7	1.5
	二类汽车维修业户（万户）	7.2	7.3	7.2	7.1	6.9
	三类汽车维修业户（万户）	30.6	30	29.8	29.4	29.2
	摩托车维修业户（万户）	6.4	5.5	5.1	4.2	3.9

2019 年，全国机动车维修行业的结构基本稳定，一、二、三类汽车维修业户数量均有所下降，同比分别下降 12.2%、3.6%、1.0%。2019 年，平均每户机动车维修经营者完成维修量达 779.8 辆次，同比减少 1.9%。2015—2019 年全国平均每户机动车维修完成情况见表 6-2。

2015—2019年全国平均每户机动车维修完成情况　　表6-2

年　份	维修业户数（万户）	维修量（亿辆次）	平均每户维修量（辆次 / 户）
2015 年	45.9	3.4	740.7
2016 年	44.6	3.4	762.3
2017 年	44.0	3.5	788.2
2018 年	43.0	3.4	795.1
2019 年	41.9	3.3	779.8

（2）地区分布。从地区分布来看，2019 年全国机动车维修业户依然主要集中在东部地区，占比达到 40.8%，同比减少 0.4 个百分点；其次是西部地区和中部地区，占比分别为 36.9% 和 22.4%。

不同类型机动车维修业户的地区分布呈现差异化特点：一类维修业户主要集中在东部地区，东部地区占比为 47.2%；二类维修业户在东、中、西部地区的数量分别占全国总数的 45.4%、26.2% 和 28.4%；三类维修业户的分布相对均匀，东、中、西部地区的数量分别占全国总数的 39.3%、21.0% 和 39.6%。不同类型机动车维修业户地区分布情况见表 6-3。

2019年不同类型机动车维修业户地区分布情况 **表6-3**

类　型	东部地区		中部地区		西部地区	
	业户数（户）	比例（%）	业户数（户）	比例（%）	业户数（户）	比例（%）
一类	7113	47.2	4678	31	3281	21.8
二类	31137	45.4	17923	26.2	19456	28.4
三类	114728	39.3	61418	21.1	115639	39.6
合计	152978	40.8	84019	22.4	138376	36.8

3. 行业管理

2019 年，交通运输部出台了《关于修改 < 机动车维修管理规定 > 的决定》(交通运输部令 2019 年第 20 号)，取消了机动车维修经营许可审批。删除了关于机动车维修经营许可的全部内容，明确了关于机动车维修经营备案的备案程序、备案材料、备案受理、备案变更、备案事项事后监督检查、备案不得收取费用、备案结果公布等规定，以及国务院规定的机动车维修经营者应符合国务院交通主管部门规定的机动车维修经营业务标准等内容，形成了完整的维修经营备案管理体系、流程，建立了机动车维修经营备案管理体系，依法调整优化了有关事中事后监管措施。

深入推进汽车维修电子健康档案系统建设工作，实现了全国维修行业统计与分析、维修企业查询、维修记录查询、维修服务评价、维修记录采集、数据交换共享、信息发布交流和统一公众服务八项基本功能，满足系统公益服务需要。截至 2019 年底，全国 31 个省份均已完成汽车维修电子健康档案系统建设工作，累计采集维修记录 3.6 亿辆次，为 9700 余万辆汽车建立“健康档案”。

二、汽车综合性能检测

推进实现道路普通货运车辆网上年度审验，先后制定印发了《2019 年普通货运车辆网上年度审验工作方案》(交办运函〔2019〕287 号)、《道路普通货物运输车辆网上年度审验工作规范》(交办运〔2019〕46 号)、《道路普通货物运输车辆网上年度审验技术要求》(交通运输部公告 2019 年第 29 号)，为网上年度审验工作有序组织推进提供了政策依据和技术标准。研发全国网上便民运政系统网上年审模块，截至 2019 年，全国 31 个省份已全部完成省级运政系统及网上年审相关系统的升级改造，完成了省级运政系统与全国网上便民运政系统网上年审模块测试环境下的业务对接、测试联调以及业务办理宣传推广，全面开展了普通货运车辆网上年审业务，惠及全国 770 万普通货运车辆及运输经营者。

2019 年，全国共有汽车综合性能检测站 4747 个，同比增长 27.6%；完成检测总量 2461.7 万辆次，同比下降 4.9%。汽车综合性能检测站在车辆维修竣工检测、等级评定检测、维修质量监督检测方面的检测次数大幅下降，同比分别下降 25.0%、14.0%、6.9%；其他检测方面检测次数有所上涨，同比增长

18.7%，其中排放检测、质量仲裁检测同比分别增长 21.2%、1.8%。2015—2019 年全国汽车综合性能检测完成情况见表 6-4。

2015—2019年全国汽车综合性能检测完成情况　　**表6-4**

年　份	检测站（个）	检测总量（万辆次）						
		合　计	维修竣工检测（万辆次）	等级评定检测（万辆次）	维修质量监督检测（万辆次）	其他检测（万辆次）		
							排放检测（万辆次）	质量仲裁检测（万辆次）
2015 年	2524	3267.0	1767.1	1074.0	75.4	367.7	253.7	1.5
2016 年	2768	2608.5	1102.9	1045.4	52.1	394.5	283.3	1.5
2017 年	2952	2540.4	928.8	1073.7	50.4	526.4	386.1	1.4
2018 年	3719	2589.3	764.3	1057.8	47.1	626.6	471.6	1.5
2019 年	4747	2461.7	573.2	909.6	43.9	743.9	571.8	1.6

截至 2019 年底，全国东部地区的汽车综合性能检测站数量和检测完成量分别占全国总量的 36.8% 和 47.5%，占比均有所上升。东、中、西部地区汽车综合性能检测站数量最多的省份分别为广东省、湖南省和四川省。2019 年全国东、中、西部地区汽车综合性能检测站数量及检测总量分布情况见表 6-5。

2019年全国汽车综合性能检测站相关情况地区分布情况　　**表6-5**

指　标	东部地区		中部地区		西部地区	
	检测站数量（个）	检测完成量（万辆次）	检测站数量（个）	检测完成量（万辆次）	检测站数量（个）	检测完成量（万辆次）
总计	1749	1170	1497	762.6	1501	529.2
比例（%）	36.8	47.5	31.5	31.0	31.6	21.5
各地区列前 5 位省（自治区、直辖市）						
序　号	省（自治区、直辖市）	检测站数量（个）	省（自治区、直辖市）	检测站数量（个）	省（自治区、直辖市）	检测站数量（个）
1	广　东	372	湖　南	288	四　川	252
2	河　北	321	黑龙江	212	贵　州	232
3	山　东	308	吉　林	178	广　西	178
4	辽　宁	202	江　西	177	内蒙古	162
5	江　苏	168	河　南	177	新　疆	162

第二节　机动车驾驶员培训

一、机动车驾驶员培训业务发展

2019 年，全国共完成机动车驾驶员培训 2705.3 万人次，同比上涨 0.8%；其中培训合格的为 2222.6 万人次，同比上涨 0.7%，合格率为 82.2%，与 2018 年基本持平。2019 年，完成道路运输从业资格培训 227.2 万人次，同比增加 12.1 万人。2015—2019 年全国机动车驾驶员培训完成情况如图 6-3 所示。

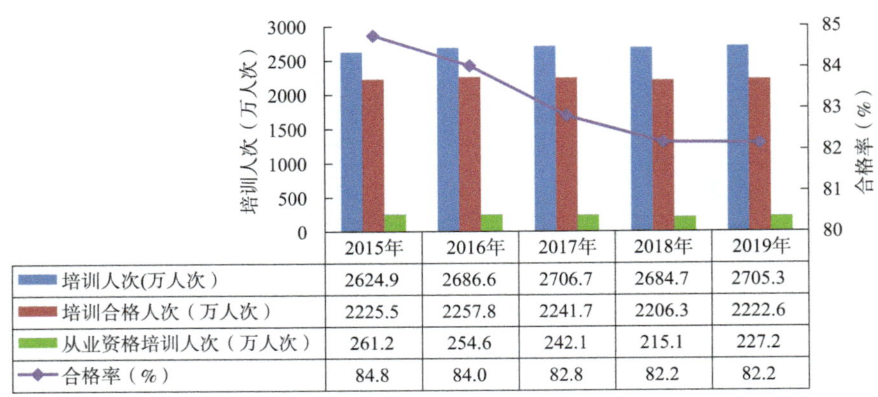

	2015年	2016年	2017年	2018年	2019年
培训人次(万人次）	2624.9	2686.6	2706.7	2684.7	2705.3
培训合格人次（万人次）	2225.5	2257.8	2241.7	2206.3	2222.6
从业资格培训人次（万人次）	261.2	254.6	242.1	215.1	227.2
合格率（%）	84.8	84.0	82.8	82.2	82.2

图 6-3　2015—2019 年全国机动车驾驶员培训完成情况

截至 2019 年底，全国残疾人驾驶员培训业户为 354 户，同比增加 13 户；培训合格残疾人驾驶员 12919 人次，与 2018 年相比大幅增长 80.3%。

二、市场构成

1. 培训机构

（1）规模及类型。2019 年，全国共有机动车驾驶员培训业户 19741 户，同比增加 679 户，增幅为 3.6%。2015—2019 年全国机动车驾驶员培训机构数量及增长率如图 6-4 所示。

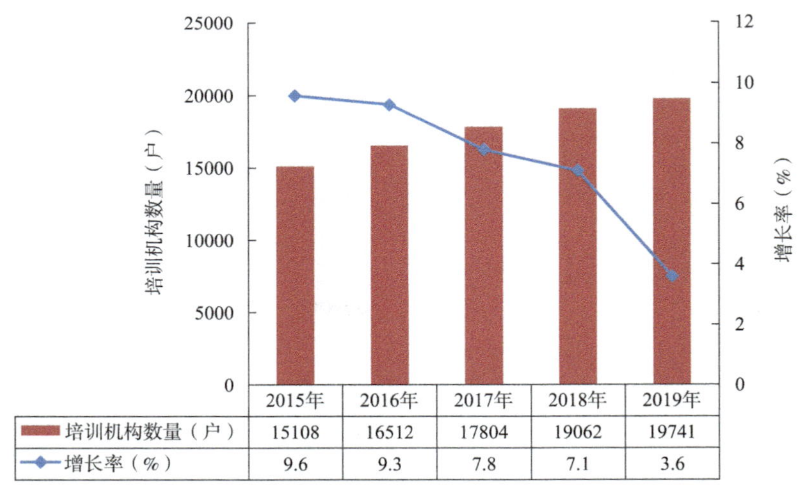

	2015年	2016年	2017年	2018年	2019年
培训机构数量（户）	15108	16512	17804	19062	19741
增长率（%）	9.6	9.3	7.8	7.1	3.6

图 6-4　2015—2019 年全国机动车驾驶员培训机构数量及增长率

从类型来看，普通机动车驾驶员培训业户持续保持以三级类型业户为主，三级类型业户占比为61.0%；三级普通机动车驾驶员培训业户继续保持高速增长，增长率达6.6%，一、二级普通机动车驾驶员培训业户有所下降，同比减少3.3%、0.6%。2015—2019年全国机动车驾驶员培训业户类型及数量变化情况见表6-6。

2015—2019年全国机动车驾驶员培训业户类型及数量变化情况（单位：户） **表6-6**

类型				2015年	2016年	2017年	2018年	2019年
机动车驾驶员培训业户		总计		15108	16512	17804	19062	19741
其中	普通机动车驾驶员培训	合计		14912	16325	17552	18837	19471
		其中	一级	1908	1934	2011	2090	2022
			二级	5842	5870	5782	5595	5564
			三级	7162	8521	9759	11152	11885
	道路运输驾驶员从业资格培训	合计		2093	2014	2013	1989	2002
		其中	客货运输	2008	1926	1927	1902	1908
			危险货物运输	419	448	445	469	493
	机动车驾驶员培训教练场经营			531	807	836	941	1099
	残疾人驾驶员培训			304	305	413	341	354

2019年，机动车驾驶员培训行业集中度水平持续提高，全国机动车驾驶员培训机构户均拥有教学车辆达到40.4辆。其中天津、北京、上海、宁夏、广东、福建、山东、浙江、安徽、贵州、四川、重庆、江苏、海南、云南等15个省（自治区、直辖市）户均拥有的教学车辆数超过全国平均水平。2019年，全国驾驶员培训机构户均拥有教学车辆数情况如图6-5所示。

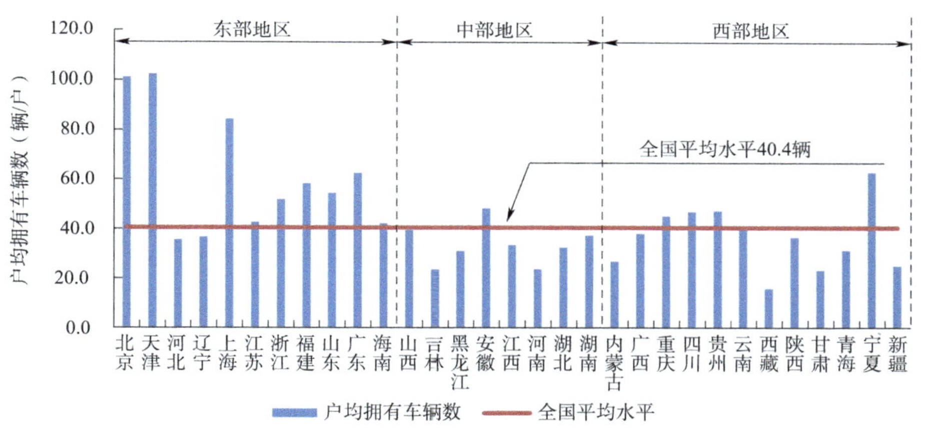

图6-5 2019年全国驾驶员培训机构户均拥有车辆数量情况

（2）地区分布。2019年全国机动车驾驶员培训经营业户分布保持稳定，东部地区培训机构所占比例为36.6%，同比上涨0.2个百分点；中部地区培训机构所占比例较2018年持平；西部地区培训机构所占比例有所下降。其中，二级普通机动车驾驶员培训机构在东部地区集中的趋势更加明显，占比达51.9%。2019年全国不同类型的机动车驾驶员培训机构业户数的具体分布情况见表6-7。2019年东、中、西部地区驾驶员培训机构数量列前5位省（自治区、直辖市）见表6-8。

2019年全国东、中、西部地区机动车驾驶员培训机构分布具体情况　　表6-7

类　型			东部地区		中部地区		西部地区	
			数量（户）	比例（%）	数量（户）	比例（%）	数量（户）	比例（%）
培训机构			7216	36.6	6557	33.2	5968	30.2
其中	普通机动车驾驶员培训	合计	7102	36.5	6515	33.5	5854	30.1
		一级	1049	51.9	404	20.0	569	28.1
		二级	2250	40.4	1522	27.4	1792	32.2
		三级	3803	32.0	4589	38.6	3493	29.4
	道路运输驾驶员从业资格培训		571	28.5	755	37.7	676	33.8
	机动车驾驶员培训教练场经营		424	38.6	128	11.6	547	49.8
	残疾人驾驶员培训		111	31.4	82	23.2	161	45.5

2019年全国东、中、西部地区驾驶员培训机构数量列前5位省（自治区、直辖市）　　**表6-8**

序号	东部地区			中部地区			西部地区		
	省（自治区、直辖市）	培训机构（户）	培训人次（万人次）	省（自治区、直辖市）	培训机构（户）	培训人次（万人次）	省（自治区、直辖市）	培训机构（户）	培训人次（万人次）
1	广　东	1378	295.3	河　南	2067	149.1	四　川	816	143.8
2	江　苏	1162	210.1	湖　南	1052	210.1	广　西	731	88.3
3	河　北	1115	149.1	湖　北	748	295.3	云　南	693	82.8
4	山　东	939	165.5	江　西	737	132.6	内蒙古	685	43.4
5	浙　江	828	132.6	安　徽	615	165.5	新　疆	670	61.3

2. 从业人员

2019 年，全国共有机动车驾驶教练员 92.5 万人，同比增长 0.8%。其中，理论教练员、驾驶操作教练员、危险货物运输驾驶员培训教练员分别为 5.8 万人、84.9 万人、1678 人，同比分别增长 0.7%、0.8%、4.2%；道路客货运输驾驶员从业资格培训教练员为 8330 人，同比下降 16.3%。全国东、中、西部地区机动车驾驶员培训从业人员分布情况见表 6-9。

2019年全国东、中、西部地区机动车驾驶员培训从业人员分布情况　　表6-9

从业人员类型		东部地区		中部地区		西部地区	
		数量	比例（%）	数量	比例（%）	数量	比例（%）
教练员（万人）		45.9	49.6	23.0	24.8	23.7	25.6
其中	理论教练员（万人）	2.4	41.0	1.6	27.6	1.8	31.4
	驾驶操作教练员（万人）	43.1	50.7	20.8	224.5	21.0	24.7
	道路客货运输驾驶员从业资格培训教练员（人）	2648	31.8	2990	35.9	2692	32.3
	危险货物运输驾驶员从业资格培训教练员（人）	603	35.9	668	39.8	407	24.3

3. 教学车辆及装备

2019 年，全国拥有机动车驾驶员培训教学车辆 79.8 万辆，同比增长 1.7%。从设备的构成来看，仍然以小型汽车为主，所占的比例为 93.0%。其中，大型客车 4264 辆，同比减少 4.3%；通用货车半挂车（牵引车）5260 辆，同比增加 9.9%；城市公交车 1581 辆，同比增加 5.9%；中型客车 1762 辆，比 2018 年减少 80 辆，同比降低 4.3%；大型货车 2.7 万辆，同比减少 6.9%；小型汽车 74.2 万辆，同比增加 1.7%；低速汽车 1723 辆，同比减少 32.7%；摩托车 11248 辆，同比增加 52.2%；残疾人教学车辆 545 辆，同比减少 33.9%。2019 年，全国继续加大机动车驾驶模拟器推广应用，共有机动车驾驶模拟器 121669 台，同比增加 2.7%。

三、机动车驾驶员培训管理

2019 年，交通运输部联合四部门印发了《关于开展道路运输重点领域驾驶员职业化培训考试试点工作的通知》，在江苏、浙江、云南 3 省部署开展试点工作，推进道路旅客运输、道路危险货物运输驾驶员由驾驶培训机构承担的社会化培训考试，向职业院校、技工院校承担的职业化培训考试转变，建立起基于行业类别和岗位安全风险的分类培训考试制度，探索提升“两客一危”驾驶员职业素质的新路子，筑牢道路运输安全生产管理的“第一道防线”。制定发布《机动车驾驶员计时培训系统　第 1 部分：计时终端技术规范》(JT/T 1302.1—2019）交通运输行业标准，自 2020 年 3 月 1 日起施行，为机动车驾驶员培训开展计时培训计时收费模式夯实基础，进一步促进机动车驾驶员培训机构按纲施训。

专栏6-1　湖北恩施在全省率先实现驾驶员培训及考试平台联网联控

自 2019 年 9 月 1 日起，恩施土家族苗族自治州（以下简称恩施州）驾驶员培训监管平台与公安交管 12123 考试预约平台联网联控正式封网运行，全州 29 所驾校培训学员须完成《机动车驾驶员培训教学与考试大纲》规定学时后即可预约考试。

驾考平台对接意义重大。驾驶员培训监管平台与公安交管 12123 考试预约平台联网联控，是恩施州交通运管部门落实“五大发展理念”，推进“互联网”+ 运管的重要举措，是建立交通与公安部门联动协作机制、实现信息共享齐抓共管的具体体现。平台对接将促进驾驶培训机构提升机动车驾驶员培训能力，提供更加规范的机动车驾驶培训服务，确保学员扎实学习驾驶技能，从源头上预防和减少道路交通事故，保障交通安全。通过驾驶培训监管平台，进一步加强行业监管手段，有效纠正教练员在教学过程中的不合理、不规范行为，查处和打击违法、违规经营行为，杜绝减时漏训、学时造假现象，确保学员练车时间、提升练车质量，有效促进驾驶培训行业健康平稳发展。

驾驶培训需要“刷脸”。平台运行后，学员练车前需在教练车的计时终端设备登录，通过“人脸识别”开始进行学习。计时终端设备实时采集学员在培训过程中的学时数据，传送到驾驶培训监管服务平台，对培训学时和内容进行确认，学员完成《机动车驾驶员培训教学与考试大纲》规定学时后才能参加考试。对驾驶培训机构减少培训项目和学时、伪造和篡改培训系统数据、违规发放培训结业证书的，一经查实，由所辖区运管部门按照《机动车驾驶员培训管理规定》进行处罚。对协助驾驶培训机构篡改、伪造培训学时信息数据的计时平台服务商，若发现将关闭该计时平台数据传输接口，情节严重构成犯罪的，移送司法机关查处。

全面有效监管教培工作。驾驶培训监管服务平台具有监管驾驶培训机构、审核教学区域位置、监管培训车辆、自动监管学时、自动复核学时数据等功能，该监管平台实现了审批流程电子化。全州 29 所驾驶培训机构的科目二和科目三的训练场地进行了电子围栏划设，教练员必须到运管和公安交通管理部门认定的场地教学，“黑教练场地”和“黑教练员”得到有效遏制。驾驶培训监管平台与公安考试系统的联网联控，真正实现了驾培与驾考信息互联互通，有效规范驾驶培训机构经营行为，确保机动车驾驶培训质量。

——资料来源：交通运输部网站

第七章　国际道路运输

2019 年，国际道路运输发展紧紧围绕服务支撑国家对外开放工作大局，积极推进“一带一路”建设，不断加强与沿线国家的双边和多边道路运输合作，取得了丰硕成果。

第一节　国际道路运输量及线路

一、国际道路运输量

截至 2019 年底，我国与“一带一路”沿线国家共完成国际道路客运量 717.5 万人，同比减少 6.8%，旅客周转量 2.8 亿人公里，同比减少 29.6%；完成国际道路货运量 6145.2 万吨，同比增加 9.9%，货物周转量 40.5 亿吨公里，同比增加 18.8%。其中，由中方完成的国际道路客运量和货运量占比分别为 52.8% 和 23.3%，同比分别下降 0.7、32.6 个百分点。2015—2019 年我国国际道路客货运输量及中方所占比例情况如图 7-1 和图 7-2 所示。

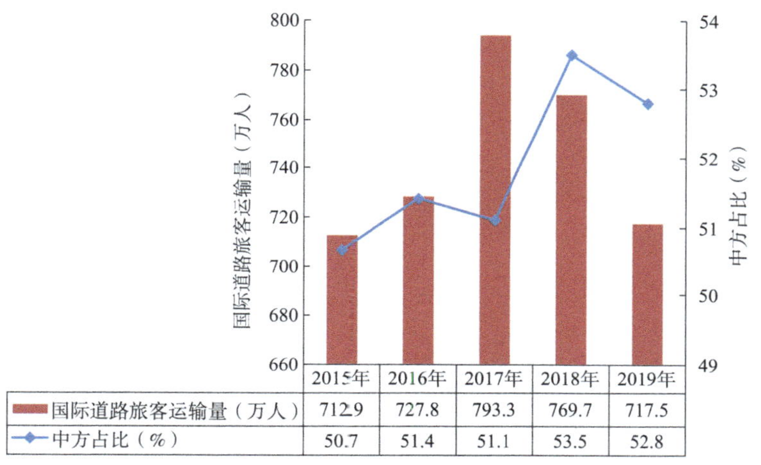

图 7-1　2015—2019 年全国国际道路客运量及中方所占比例情况

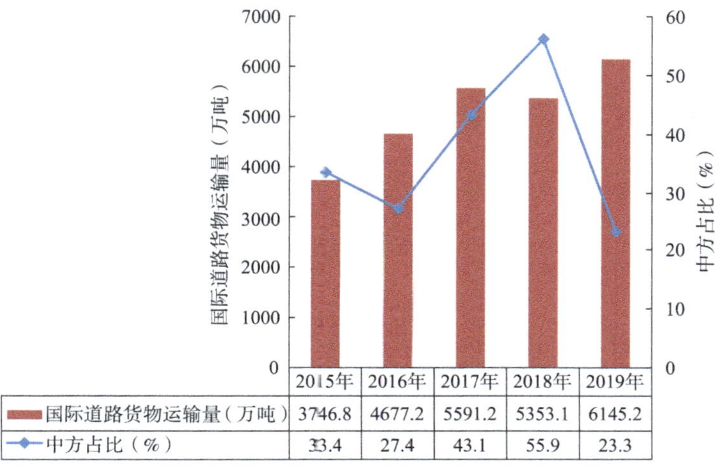

图 7-2　2015—2019 年全国国际道路货运量及中方所占比例情况

2019年，参与国际道路运输的省（自治区）有内蒙古、辽宁、吉林、黑龙江、广西、云南、西藏和新疆。中方共完成客运量378.6万人次，同比下降8.0%，完成客运量前三位的是内蒙古（191.9万人次）、云南（77.1万人次）、黑龙江（68.7万人次）；中方共完成货运量1432.9万吨，完成货运量前三位的是云南（665.8万吨）、内蒙古（248.8万吨）、广西（211.8万吨）。

二、国际道路运输区域分布

从车辆出入境次数来看，2019年我国与东北亚（包括俄罗斯、蒙古国、朝鲜）的出入境客运车辆为13.6万辆次，同比减少1.2%；货运车辆为88.8万辆次，同比减少28.3%。我国与中亚（包括哈萨克斯坦、吉尔吉斯斯坦和塔吉克斯坦）的出入境客运车辆为1.1万辆次，同比增加29.0%；货运车辆为19.5万辆次，同比增加5.7%。我国与东南亚及南亚（包括越南、巴基斯坦、老挝、缅甸和尼泊尔）的出入境客运车辆为29.3万辆次，同比减少57.9%；货运车辆为111.7万辆次，同比增加16.5%。2019年，我国国际道路运输客运、货运车辆出入境分布情况分别如图7-3、图7-4所示。

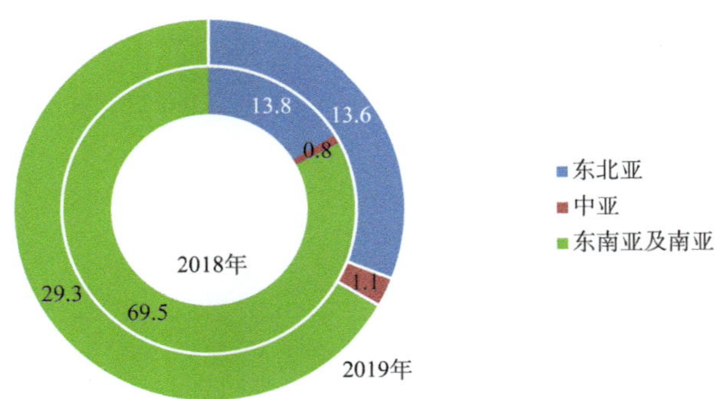

图7-3　2018年和2019年我国国际道路运输客运车辆出入境分布对比情况（单位：万辆次）

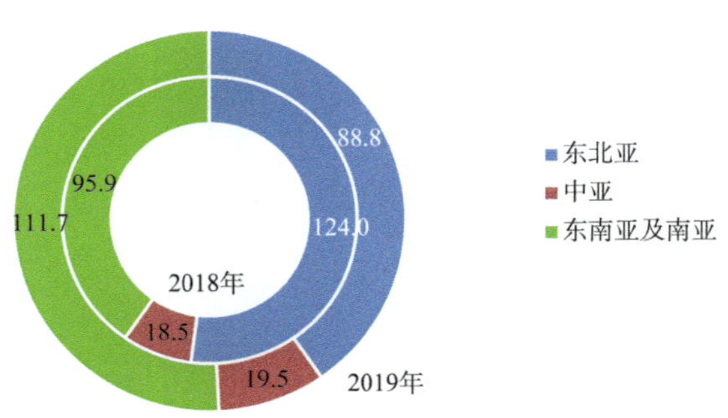

图7-4　2018年和2019年我国国际道路运输货运车辆出入境分布对比情况（单位：万辆次）

客运方面，2019年我国与东北亚国家的客运量为545.8万人次，同比增加12.0%，在周边区域的客运量中占比达到76.1%，同比增加12.8个百分点；与东南亚及南亚国家的客运量为155.3万人次，同比下降42.5%；与中亚国家的客运量为16.3万人次，同比增加34.8%。

货运方面，2019年我国与东北亚国家的国际道路运输货运量4464.1万吨，同比增加7.7%；货物周转量22.2亿吨公里，同比增加29.5%。我国与东北亚国家联系的货运量在周边区域的货运量中占比达到72.6%。2019年我国与周边国家双边国际道路客货运量分布情况见表7-1。

2019年我国与周边区域国际道路客货运量分布　　表7-1

区域	客运量（万人次）	比例（%）	旅客周转量（万人公里）	比例（%）	货运量（万吨）	比例（%）	货物周转量（万吨公里）	比例（%）
东北亚	545.8	76.1	17727.4	63.4	4464.1	72.6	222492.9	54.9
中亚	16.3	2.3	3454.2	12.3	244.2	4.0	92486.2	22.8
东南亚及南亚	155.3	21.7	6790.2	24.3	1436.9	23.4	89969.2	22.2
合计	717.5	100.0	27971.9	100.0	6145.2	100.0	404948.4	100.0

第二节 国际道路运输服务能力

一、国际道路运输经营业户及车辆结构

1. 经营业户

截至2019年底，全国从事国际道路运输（含内地与香港、内地与澳门特别行政区间汽车运输）的业户为693户，同比减少53.6%。其中广东和云南从事国际道路运输的企业数量分列第一和第二位，分别为256户和151户。全国拥有车辆数100辆以上的国际道路运输业户有80户，占业户总数的11.5%；拥有车辆数在50～99辆的国际道路运输业户有54户，约占国际道路运输业户总数的7.8%；拥有车辆数在10～49辆的国际道路运输业户有272户，占业户总数的39.2%；拥有车辆数在9辆以下的国际道路运输业户有287户，占业户总数的41.4%。

分区域来看，云南是全国拥有100辆以上运输车辆的国际道路运输业户数最多的省份，共有42家；其次为新疆和广东，分别为17家和8家。2019年国际道路运输业户拥有车辆规模情况见表7-2。

2019年国际道路运输经营业户拥有车辆规模情况　　表7-2

业户类型		合计	根据车辆规模分组				
			100辆及以上的企业	50～99辆的企业	10～49辆的企业	5～9辆的企业	5辆以下的企业
国际道路运输经营业户（个）		693	80	54	272	117	170
比例（%）		100.0	11.5	7.8	39.2	16.9	24.5
其中	国际道路客运经营业户（个）	258	14	13	102	47	82
	比例（%）	100.0	5.4	5.0	39.5	18.2	31.8
	国际道路货运经营业户（个）	483	70	43	179	76	115
	比例（%）	100.0	14.5	8.9	37.1	15.7	23.8

2. 车辆结构

截至2019年底，全国共有从事国际道路运输的车辆26999辆，其中客车1325辆，共计52957个客位；货车25674辆，共计421866吨位。2019年国际道路客货运输车辆情况见表7-3。

2019年国际道路客货运输车辆情况　　表7-3

类　型		高级	比例（%）	中级	比例（%）	普通	比例（%）	总计	比例（%）
客运	车辆数（辆）	1141	86.1	144	10.9	40	3.0	1325	100
	客位数（位）	48662	91.9	2844	5.4	1451	2.7	52957	100
类　型		大型	比例（%）	中型	比例（%）	小型	比例（%）	总计	比例（%）
货运	车辆数（辆）	23760	92.5	881	3.4	1033	4.0	25674	100
	吨位数（吨）	417443	99.0	3263	0.8	1160	0.3	421866	100

二、行车许可证使用情况

国际道路运输行车许可证是国际道路运输车辆出入境的通行证。2019 年，全国使用的国际道路运输行车许可证中，A 种行车许可证使用量为 447 张，同比增长 31.1%；B 种行车许可证使用量为 29634 张，同比减少 65.6%；C 种行车许可证使用量为 615226 张，同比增长 5.3%。2015—2019 年全国国际道路运输行车许可证使用情况见表 7-4。

2015—2019年全国国际道路运输行车许可证使用情况❶　　表7-4

年　份	2015 年	2016 年	2017 年	2018 年	2019 年
A 种许可证使用量（张）	1134	850	519	341	447
B 种许可证使用量（张）	122473	112153	123561	86186	29634
C 种许可证使用量（张）	390515	420318	498987	584153	615226

2019 年全国 A 种行车许可证使用量前三位的省（自治区）为内蒙古、新疆、黑龙江，分别为 170 张、122 张、85 张；B 种行车许可证使用量前三位的省（自治区）为内蒙古、云南、黑龙江，分别为 20464 张、4030 张、2064 张；C 种行车许可证使用量前三位的省（自治区）为云南、广西、新疆，分别为 263691 张、125458 张、98627 张。

❶ A 种行车许可证可适用于定期旅客运输，一年多次往返有效；B 种行车许可证适用于不定期旅客运输，一次往返有效；C 种行车许可证适用于货物运输，一次往返有效。

专题篇

SPECIFIC TOPICS

第八章　服务支撑打好三大攻坚战

2019 年是新中国成立 70 周年，是决胜全面建成小康社会第一个百年目标的关键之年。这一年，道路运输行业认真贯彻落实党中央、国务院决策部署，下大力气推动精准脱贫攻坚，强化污染防治，防范化解重大风险，通过各项行动和有力措施全力打好三大攻坚战。

第一节　服务打好精准脱贫攻坚战

一、持续推进建制村通客车

2019 年是打赢脱贫攻坚战和实施乡村振兴战略的重要历史交汇期。中央 1 号文件把“聚力精准施策，决战决胜脱贫攻坚”作为首个硬任务，进行周密部署。交通运输部等八部门联合印发《关于推动“四好农村路”高质量发展的指导意见》，提出重点解决通硬化路、通客车等问题，扩大农村客运覆盖范围，建立农村客运可持续稳定发展长效机制。道路运输行业围绕“到 2020 年具备条件的建制村全部通客车”的兜底性目标，持续加大建制村通客车工作推进力度，全面摸清底数，建立任务台账，分解落实责任，确保有序推进。2019 年全年新增 11264 个建制村通客车，其中贫困地区 7002 个，超额完成年度目标任务，全国具备条件的乡镇和建制村通客车率分别达到 99.9% 和 99.8%。北京、天津、河北、吉林等 24 个省（自治区、直辖市）实现所有具备条件的建制村通客车，山西、黑龙江、安徽等 16 个省（自治区、直辖市）将建制村通客车纳入政府考核体系。

专栏8-1　四川省超额完成2019年建制村通客车目标任务

2019 年，四川省累计新增 174 个乡镇、4520 个建制村通客车，超额完成年度目标，全省具备条件的乡镇和建制村通客车率分别达到 99.5% 和 99.4%，成都、自贡、攀枝花、泸州、德阳、绵阳、遂宁、南充、眉山、宜宾、广安等 11 个市提前实现具备条件的乡镇和建制村 100% 通客车。

明确目标，加强督导。2019 年初，四川省制定了全省乡镇和建制村通客车目标，层层分解，落实责任。建立完善督导机制，将乡镇和建制村通客车任务纳入四川省交通运输厅领导联系指导“五大经济区”协同发展工作计划。建立四川省交通运输厅运管局领导分片包干制度，对口指导帮扶。实行乡镇和建制村通客车完成情况月度通报和周报制度，加强考核，推动工作落实。

完善标准，夯实基础。开展农村公路通客车实地调查，完成 6374 个未通客车建制村实地踏勘，踏勘里程 2.3 万公里，准确掌握了农村公路宽度、桥梁涵洞、安防设施和农村群众出行规律等具体情况，在此基础上制定出台了具备条件的建制村通客车标准、适配车型参考标准和响应式服务参考标准，不断完善标准体系，促进农村客运发展规范有序发展。

落实补助，激发动力。四川省交通运输厅结构性调整交通专项资金 1.97 亿元用于农村客运发展，在中央油补资金全额下拨基础上，从省级层面为推动建制村通客车工作提供了进一步的资金保障，充分激发市场主体参与积极性，有效解决农村客运“开得通、留得住”的问题。

因地制宜，创新模式。各地根据本地实际，创新农村客运组织模式，采取城市公交延伸、农村客运班线片区化营运、预约响应等运输组织模式，扎实推进乡镇和建制村通客车工作。特别对于出行需求较小的地区，按照“五有”标准，以电话、微信、网络平台为载体，大力推进农村客运响应式服务发展，满足农村群众基本出行需求。

建立系统，长效发展。整合运政信息系统许可数据和省级卫星定位监控平台车辆运行轨迹数据，建立农村客运可视化监管系统，通过动态车辆运行轨迹比对和静态许可情况核查的方式，实现“动态可视”和“静态可查”，运用信息化手段确保农村客运真通、实通。

——资料来源：中国交通新闻网

二、推动农村物流高质量发展

为贯彻落实党中央、国务院关于打赢脱贫攻坚战决策部署，健全完善贫困地区农村物流服务体系，交通运输部联合国家邮政局、中国邮政集团公司印发了《关于深化交通运输与邮政快递融合推进农村物流高质量发展的意见》，通过节点网络共享、运力资源共用、标准规范统一、企业融合发展，加快构建畅通便捷、经济高效、便民利民的县、乡、村三级物流服务体系，促进农产品、农村生产生活物资、邮政快递寄递物品等高效便捷流通，为农村地区脱贫攻坚、乡村振兴提供有力支撑。印发《交通运输部办公厅关于深化交邮融合推广农村物流服务品牌的通知》，鼓励支持各地结合农村经济发展特点和物流实际需求，引导企业因地制宜培育农村物流服务品牌，探索发展“客运 + 货运两网合一”“交通运输 + 邮政快递融合”“网络平台货运 + 农村物流”“电子商务 + 农村物流”“特色产业 + 农村物流”等服务模式。

专栏8-2　浙江省“3+3工程”推进农村物流高质量发展

日前，浙江省召开农村物流高质量发展现场会，提出实施农村物流高质量发展“3+3 工程”，实现到 2020 年底前建设改造提升 1.8 万个村级农村物流服务点，助推高水平建设“四好农村路”、服务乡村振兴战略。

农村物流高质量发展“3+3 工程”，即实施“布点、织网、联动”3 条发展路径和“创品牌、扶项目、树示范”3 项行动。浙江省将加快交通、商务、农业、供销、邮政等基础设施融合发展，逐步完善“县级中转、乡镇级分拨、村级配送”的三级农村物流节点体系，构建线上区域共同配送网、线下多业态末端融合网，推动政府部门间合作联动、政企间发展联动、企业间资源共享。

据了解，2018 年，浙江省交通运输厅、商务厅、农业厅等 6 部门联合发布《关于深入贯彻“四好农村路”建设精神　加快推进农村物流发展的通知》。一年来，浙江省加快农村物流节点体系建设、农村物流项目创新发展、农村物流品牌企业培育，县级农村物流服务点覆盖率达到 85%。由浙江省公路与运输管理中心牵头，排摸、梳理全省各类农村物流服务点，细化村级农村物流服务点建设标准，做好“整合”文章。全省涌现出城乡货运公交、“商超 + 农村物流”“农业 + 农村物流”“专线 + 农村物流”等多种新型农村物流发展模式。

——资料来源：中国交通新闻网

第二节　服务打好污染防治攻坚战

一、运输结构调整纵深推进

2019 年，运输结构调整工作不断深入，第三次工作组会议顺利召开，统筹部署各项工作。全国 31 个省（自治区、直辖市）和新疆生产建设兵团均制定、印发了运输结构调整工作实施方案，并建立了由省级人民政府牵头、有关部门参加的工作领导机制，层层细化分解年度增量目标任务。北京、河北、山东、河南、浙江等省（直辖市）建立了运输结构调整动态监测体系和联动工作机制。协调市场监管总局将运输结构调整纳入省级人民政府质量工作考核范围。会同国家发展和改革委员会等 5 部门印发了《关于加快推进铁路专用线建设的指导意见》，将 127 个运量大、见效快的铁路专用线建设项目纳入重点项目库。召开全国运输结构调整暨多式联运现场推进会，强调要紧紧围绕加快建设交通强国战略部署，扎实推进运输结构调整工作取得新成效。截至 2019 年底，全国铁路货物发送量累计完成 84.14 亿吨，同口径下累计增长约 6.42 亿吨；水路货运量累计完成 144.99 亿吨，累计增长约 7.90 亿吨；沿海港口大宗货物公路运输量累计减少约 2.4 亿吨。据测算，运输结构调整工作累计减排二氧化碳约 3700 万吨、氮氧化物约 38 万吨、颗粒物约 1.9 万吨，取得了良好的社会效益。

专栏8-3　安徽省推进运输结构调整方案正式出台

2019 年 3 月，安徽省政府办公厅正式印发《安徽省推进运输结构调整工作实施方案》（以下简称《实施方案》），积极推动运输结构调整，提高综合运输效率，实现物流降本增效，优化营商环境。

《实施方案》提出以推进“公转铁、公转水”为主攻方向，加强各运输方式协同联动，强化集疏运通道服务功能，提升跨运输方式快速转运能力。通过集中攻坚，实现全省货物运输结构明显优化，到 2020 年，全省铁路货运量增加 153 万吨；水路货运量增加 4000 万吨；全省多式联运量年均增长 20%，重点港口完成集装箱铁水联运量增加 2 万标准集装箱（TEU），较 2017 年增长 2 倍以上；大宗货物年货运量 150 万吨以上的大型工矿企业和新建物流园区，铁路专用线接入比例达到 80% 以上。

《实施方案》重点聚焦“2345”，“2”即实现大宗货物运输“公转铁”“公转水”两个转移；“3”即发展公铁联运、铁水联运、海铁联运三种联运方式；“4”即依托运量大且货种单一的县（市、区）、沿江主要港口、大宗货物年货运量 150 万吨以上工矿企业以及重点物流园区四类枢纽；“5”即聚焦集装箱、煤炭及副产品、建材、商品车、家用电器五种货类，实施运输结构调整优化。

——资料来源：安徽省交通运输厅网络

二、加快推进柴油货车治理和淘汰工作

重点区域国三及以下排放标准营运柴油货车淘汰稳步推进。会同相关部门深入调研，摸清京津冀及周边地区、汾渭平原等相关省（市）国三及以下排放标准营运中重型柴油货车保有量，在此基础上会同生态环境部、财政部、公安部、商务部研究起草了《关于加快推进京津冀及周边地区、汾渭平原国三及以下排放标准营运柴油货车淘汰工作的通知》。研究制定重点区域营运柴油货车淘汰工作中央财政奖补资金安排方案，协调推动中央财政奖补资金落实。配合生态环境部研究起草《汽车排放检验与维护制度》政策文件，已完成向地方交通运输部门、生态环境部门及有关行业协会组织征求意见。

专栏8-4　陕西省打响柴油货车污染治理攻坚战

2019年6月，陕西省生态环境厅、发展和改革委员会、工业和信息化厅、公安厅、财政厅、交通运输厅、商务厅、市场监督管理局、西安铁路监督管理局等九部门联合印发《陕西省柴油货车污染治理攻坚战实施方案》，将积极开展清洁柴油车、清洁柴油机、清洁运输、清洁油品行动，全链条治理柴油车（机）超标排放，降低污染物排放总量，促进全省空气质量明显改善。目标到2020年，全省在用柴油车监督抽测排放合格率达到95%以上，排气管口冒黑烟现象基本消除；柴油和车用尿素抽检合格率达到98%以上，违法生产销售假劣油品现象基本消除；铁路货运量比2017年增长25%，初步实现中长距离大宗货物主要通过铁路进行运输；完成高排放老旧机动车淘汰更新任务。

——资料来源：陕西日报

三、加快新能源汽车推广应用

加快新能源车辆在公共交通领域应用。完成了2018年新能源公交车推广应用考核汇总工作，联合印发了《关于支持新能源公交车推广应用的通知》，明确了今后一段时期新能源公交车补贴政策。到2019年底，全国新能源公交车突破34万辆，占比高达51%，深圳、珠海、湖州、临汾已经实现公交纯电动化、新能源化。

城市绿色货运配送示范工程成效显著，新能源车辆在物流领域加快推广。根据对第一批22个示范工程运行监测分析显示，累计新增新能源物流配送车超过3万台，清洁化标准化程度不断提高，车辆周转能耗大幅降低，示范城市配送车辆平均百吨公里周转量燃料消耗较示范建设期初降低3%。

专栏8-5　海南省发布清洁能源汽车发展规划

2019年3月5日上午，海南省政府在海口召开新闻发布会，正式对外发布《海南省清洁能源汽车发展规划》（以下简称《规划》），这标志着海南省成为全国首个提出所有细分领域车辆清洁能源化目标和路线图的地区，也是率先提出2030年“禁售燃油车”时间表的省份。

《规划》旨在贯彻落实习近平总书记“4·13”重要讲话和中央12号文件精神，在全省加快推广应用新能源汽车和节能环保汽车，并通过清洁能源汽车推广，有效减少海南省机动车污染物排放，推动形成绿色生产生活方式，并带动相关产业发展。

其中，公共服务领域力争2020年实现清洁能源化；社会运营领域力争2025年实现清洁能源化；私人领域车辆以增量严控、存量引导更替为主线，力争2030年全省汽车清洁能源化达到国际标杆水平。具体如下：

公共服务领域的公务车、公交车、巡游出租汽车等领域自规划发布之日起，新增和更换车辆100%使用新能源汽车或清洁能源汽车，充分发挥示范带头作用。

社会运营领域的轻型物流车（含邮政及城市物流配送）、分时租赁车自规划发布之日起，新增和更换车辆100%使用新能源汽车，城市环卫、旅游客运、城乡班线等领域根据目前的车辆清洁能源化比例及相关车型技术成熟度等情况，合理制定了更新比例，上述领域车辆在2025年前后全面实现清洁能源化。

私人使用领域通过实施严格的小客车总量调控，约束和引导并举，推进增量和存量汽车双向清洁能源化，到2030年全岛私人领域新增和更换新能源汽车占比100%。

——资料来源：海南省交通运输厅网络

第三节　服务打好防范化解重大风险攻坚战

一、降低长途客运领域安全风险

为有效降低长途客运安全风险，交通运输主管部门建立了 800 公里以上长途客运班线和卧铺客车台账，实施安全生产重点监管，逐步退出 800 公里以上长途客运班线和卧铺客车，2019 年全国长途客运班车和卧铺客车存量分别下降 29% 和 26%。广西引导 1350 公里以上长途客运班线经营期限届满退出市场，累计取消线路 42 条、客车 83 辆；江苏分类施策，取消 800 公里以上线路 157 条，优化线路 16 条，调整运力 157 辆，切实降低长途客运领域的安全风险。

二、促进道路货运健康稳定发展

2019 年，道路运输行业管理部门推进和落实《关于加快道路货运行业转型升级促进高质量发展的意见》，加快推进普通货运车辆网上年审、“司机之家”试点建设和验收、“最美货车司机”评选等工作，坚持出租汽车、道路货运行业每日稳定“零报告”制度，密切关注行业稳定态势，依法及时处置不稳定事件。印发《进一步维护出租汽车行业稳定的紧急通知》，督促各地重点加强出租汽车风险管控，出租汽车行业不稳定事件同比下降约 50%，行业稳定态势明显好转。道路货运行业维稳部际协调机制发挥积极作用，协调有关部门统筹研判形势，协同做好货运行业维稳处置工作。2019 年全年道路货运行业未发生大规模聚集罢运事件。

专栏8-6　加快推进“司机”之家建设

为切实改善广大货车驾驶员的工作休息条件，交通运输部、中华全国总工会在全国联合开展了“司机之家”建设试点工作，2019 年 7 月，交通运输部、中华全国总工会联合公布了首批 76 个验收合格的“司机之家”建设试点项目。按照 2019 年交通运输更贴近民生实事和《交通运输部办公厅 中华全国总工会办公厅关于进一步做好“司机之家”建设和验收工作的通知》工作部署，各省（自治区、直辖市）交通运输主管部门、工会组织认真借鉴首批“司机之家”建设试点经验做法，积极推进“司机之家”建设，在联合验收并向社会公示的基础上，确定第二批 106 个项目符合“司机之家”建设要求。

各省级交通运输主管部门、工会组织要督促“司机之家”建设运营单位，紧密对接货车驾驶员实际需求，进一步优化完善“司机之家”服务功能和运营模式，不断提高服务质量；要加强对“司机之家”建设运营的跟踪监测，强化服务质量监督管理；要充分利用报刊、互联网、微信等多种媒体和形式，加大宣传推广力度，让更多的货车驾驶员感受到“司机之家”的建设服务成效，在工作途中能够“喝口热水、吃口热饭、洗个热水澡、睡个安稳觉”，切实增强货车驾驶员的获得感、幸福感、安全感。

——资料来源：交通运输部网站

三、防控运输服务新业态重大风险

为深入贯彻落实党中央国务院关于“互联网 +”高效物流及促进平台经济规范健康发展的工作部署，促进道路货物运输业与互联网融合发展，规范培育现代物流市场新业态，加快推进道路货运行业转型升级高质量发展，2019 年 9 月 6 日，交通运输部、国家税务总局发布了《网络平台道路货物运输经营管理暂行办法》(以下简称《办法》)，自 2020 年 1 月 1 日起施行，有效期 2 年。《办法》对网络货运经营者的法律定位、行为规范及管理部门的监管责任等提出了明确要求，为新业态规范健康发展创造良好的制度环境。

为促进交通运输新业态健康发展，加强用户押金和预付资金管理，有效防范用户资金风险，交通运输部联合 5 部门印发《交通运输新业态用户资金管理办法（试行)》，对网络预约出租汽车、互联网租赁自行车和汽车分时租赁资金管理作出具体规定。充分发挥交通运输新业态协同监管部际联席会议机制，部门协同加快网络预约出租汽车合规化进程，加强新业态用户资金监管，防范化解运输服务新业态领域的重大风险。

第九章　服务支撑区域协调发展战略

2019 年，道路运输行业全面贯彻落实党的十九届四中全会有关精神和《交通强国建设纲要》，强化行业自身转型升级，注重综合运输协同创新，服务经济社会发展大局，全力支撑保障国家重大战略实施。

第一节　支撑保障“一带一路”建设

一、对外交流合作进一步拓展

2019 年，我国国际运输协定体系进一步完善和落实。在外交部、公安部、海关总署等单位的支持下，2019 年 4 月第二届“一带一路”国际合作高峰论坛期间，签署了中格（格鲁吉亚）、中白（白俄罗斯）、中老（老挝）、中尼（尼泊尔）、中蒙（蒙古）等国际道路运输协定（议定书），相关工作列入了峰会成果清单。举行了中蒙俄《关于沿亚洲公路网国际道路运输政府间协定》联委会第一次会议，推动协定正式实施。会同有关国家举行了大湄公河次区域（GMS）国际道路运输启动仪式和中塔乌国际道路运输试运行活动。双多边合作机制更加顺畅。交通运输部会同俄方开展了中俄国际道路运输法律法规培训，并推动北斗—格洛纳斯卫星定位系统试运行。

专栏9-1　积极拓展国际道路运输发展空间

2019 年 5 月 27 日，大湄公河次区域国际道路运输（中国—老挝—越南）启动仪式在云南省昆明市举行。大湄公河次区域国际道路运输线路首次开通，是推动国家间发展战略有效对接及深度融合、加强澜沧江—湄公河国家多边交通运输合作、携手构建亚洲命运共同体的具体行动，将开启大湄公河次区域运输合作新篇章，推动中国—中南半岛经济走廊互联互通迈向新阶段，助力形成大湄公河次区域经济社会发展新格局。刘小明副部长向运输企业颁发了 GMS 行车许可证。根据 2018 年 3 月 GMS 六国政府共同签署的《关于实施〈大湄公河次区域便利货物及人员跨境运输协定〉“早期收获” 的谅解备忘录》规定，GMS 国家车辆持 GMS 行车许可证和暂准入境单证（TAD）一年内进入柬埔寨、老挝、泰国、越南的次数不限，这是大湄公河次区域运输便利化发展历史上迈出的跨越式一步，将进一步推动整个区域运输便利化，促进区域货物和人员往来。

2019 年 8 月 10 日，中国、塔吉克斯坦、乌兹别克斯坦三国交通主管部门在乌兹别克斯坦共和国铁尔梅兹举行中塔乌国际道路货物运输试运行活动。中、塔、乌三国交通主管部门共同组织国际道路运输试运行车队，由乌兹别克斯坦铁尔梅兹出发，经过 5 天跋涉，途径塔吉克斯坦杜尚别，经由我国卡拉苏口岸入境，最终到达新疆喀什市，线路全长约 1650 公里。中塔乌国际道路货物运输试运行车队首次实现了贯穿喀什—杜尚别—铁尔梅兹等城市的国际道路运输，为中、塔、乌三国国际道路运输领域合作增添了靓丽的一笔。中、塔、乌三国交通运输部门联合开展国际道路货物运输试运行活动，是推动“一带一路”倡议与塔吉克斯坦、乌兹别克斯坦两国国家发展战略在交通运输领域对接的重要体现，也是推动构建区域经济发展新格局的重要举措。对加强国际道路运输合作，推进国际道路运输便利化，改善通关环境和新疆加快推进丝绸之路经济带核心区建设，扩大对外开放格局，具有十分重要意义。

——资料来源：交通运输部网站

二、加快汽车出入境运输管理改革

2019 年 6 月，国务院办公厅印发了《交通运输领域中央与地方财政事权和支出责任划分改革方案》，明确边境口岸汽车出入境运输管理属于中央财政事权，由中央承担专项规划、政策决定、监督评价职责，由中央委托地方实施建设、养护、管理、运营等具体执行事项。在财政部等部门的支持下，研究制定了边境口岸汽车出入境运输管理预算。2019 年 2 月，根据国务院发布的决定，将国际道路货物运输许可改为备案，并明确了加强事中事后监管的措施。广西、云南等省区加快落实国务院决策部署，出台了国际道路货物运输许可备案管理文件，规范了备案材料、备案期限、证明文件配发等事项，优化运政信息系统业务模块，为深化“放管服”改革、优化政府服务创造了有利条件。

三、国际运输规则对接进一步提速

国家层面，完善国家便利运输委员会工作机制，2019 年 6 月积极推动《国际公路运输公约》(TIR 公约) 在我国的全面实施。交通运输部参照《危险货物国际道路运输公约》(ADR 公约) 发布实施了我国《危险货物道路运输规则》系列标准。地方层面，黑龙江省交警总队组织编译了《中华人民共和国道路交通安全法》中俄文对照宣传手册，积极面向跨境运输驾驶员和运输企业开展政策宣传。广西崇左、防城港等地设立中越双语交通标志标牌，新疆维吾尔自治区对外开放口岸分别设立中俄、中蒙双语交通标志标牌，引导外方入境车辆安全行驶。

第二节　支撑保障京津冀协同发展

一、京津冀道路客运一体化加快推进

2019 年，京津冀交通一体化加速推进，京津冀城市群运输服务体系建设统筹实施，天津港、黄骅港等多式联运示范工程建设进展顺利，城乡道路客运一体化水平稳步提升，道路客运联网售票一体化取得积极成效，道路客运电子客票试点顺利推进。2019 年，交通运输部在天津市、河北省、山东省率先开展道路客运电子客票试点工作，其中天津市、河北省的 160 个二级及以上客运站完成联调测试，实现电子客票售票、检票、退票，统一电子凭证与纸质凭证，超过 30 个客运站启动电子客票试用，累计生成电子客票超过 140 万张。12 月 16 日，全国道路客运电子客票试点推介会暨道路客运电子客票试运行启动仪式在河北省雄安新区举行，以全面提升全国道路客运联网售票服务水平。

专栏9-2　道路客运电子客票试点工作取得积极成效

2019 年，交通运输部率先在天津、河北、山东三省开展道路客运电子客票试点工作，三地交通运输主管部门高度重视，积极谋划，认真部署，试点工作取得了显著成效。一是电子客票系统从根本上

实现了道路客运数据、应用和服务的统一，打破了原有的数据与业务孤岛式管理的格局，实现了乘车凭证和报销凭证的分离，乘客无须到窗口或代售点排队购票取票，可根据电子客票信息直接进站乘车，节省了用户出行时间，提升了用户出行体验。二是道路客运电子客票避免了传统需要依靠纸质单据进行信息和运输任务的传递，提高自动化水平和管理效率，降低企业管理成本。三是电子客票作为道路客运产业数字化的最后一公里，能够有力支撑道路客运行业信息化跨越式发展，推进行业转型升级，加快综合旅客联程运输服务的整合。

——资料来源：交通运输部网站

二、京津冀运输结构调整取得成效

推进运输结构调整是打赢蓝天保卫战和污染防治攻坚战的重要举措。京津冀及周边地区 8 省（自治区、直辖市）建立区域协同工作机制，定期交流协商重点工作，形成协同推进运输结构调整的整体合力。到 2019 年底，京津冀及周边地区 8 省（自治区、直辖市）建成 25 条铁路专用线，为“公转铁”提供了重要支撑。河北省开展提升铁路货运能力、优化港口集疏运体系、深化超限超载治理、加快推进多式联运发展、完善城市绿色配送体系和优化发展环境“5+1”行动。河北钢铁集团唐山钢铁公司与铁路部门合署办公，积极推进大宗货物“公转铁”，矿石铁路运输比例达到 75%。北京市大力推进砂石骨料运输“公转铁”，“外集内配、绿色联运”物流新模式基本形成。2019 年 9 月 11 日，天津南港铁路控制性节点工程全部完成，建设南港铁路对于打通“进港最后一公里”，促进“公转铁”，加快运输结构调整，助力打赢大气污染防治攻坚战具有重要意义。

专栏9-3　天津市深入推进运输结构调整

近年来，天津市将运输结构调整作为打赢蓝天保卫战和交通运输高质量转型发展的重点任务，天津港作为天津市 90% 货物运输的源头，是京津冀及周边地区运输结构调整示范区的重要组成部分。为统筹推进天津市运输结构调整工作，天津市交通运输、生态环境、工信等部门、有关区政府成立运输结构调整工作专班，与北京局集团、天津港集团、相关钢铁企业建立例会制度，定期会商，协调解决问题。同时，进一步完善天津铁路枢纽规划布局，将天津通往西部、北部的铁路货运大通道纳入规划，市域内规划形成“北进北出、南进南出”的 C 字型集疏港货运环线。天津加快港内铁路集疏运通道建设，完成南疆矿石铁路专用线、港俊货场专用线建设，累计新增铁路疏港能力 1800 万吨。

此外，天津市优化铁路运输组织模式，组织实施朔黄线、小京山机车交路经京沪、西南环线直入天津港。针对天津港疏港铁矿石增量，优化列车运行图，共停运客车 7 对、增加货车 17 对，提高了铁路运输效率。为改善铁路运输营商环境，天津开展铁路运输减费降费，取消“翻卸车作业服务”等 6 项收费，降低“取送车”等 11 项收费，今年以来减费降费累计超过 1 亿元，进一步降低了企业物流成本。同时，天津大力推行“散改集”铁路集疏港，利用 35 吨敞顶箱运输煤炭、矿石以及氧化铝等大宗散货，探索新型运输方式，按照“一企一策”的原则，基本实现铁路、公路运输价格持平，成功促成了多个“公转铁”项目落地，本市 7 家钢铁企业全部成功实现铁路运输零的突破，铁路运输量实现较大提升。目前，天钢集团、天钢联合特钢实现每月 45 列铁路集装箱稳定发送，天丰钢铁实现每月铁路集装箱 30 列稳定发送。2019 年第三季度，天津地区钢铁企业在天津港铁路疏港 132.3 万吨，同比增长 126 万吨。

下一步，天津市将加快推动铁路专用线和集疏港铁路规划建设，打通铁路“最后一公里”，完善港口集疏运体系，实现铁水运输比例的最大化。同时，与国家铁路局集团和北京局集团充分对接，用好闲置铁路货场，开展城市生产生活物资公铁接驳配送试点，形成4个城市配送中心（西营门、张贵庄、南仓、塘沽）、5个商品车运输基地（大毕庄、北塘西、三百吨、汉沟中农、杨村）、3个集装箱物流基地（新港北、北疆、塘沽），实现“轨道+仓储+新能源汽车配送”的城市物流配送新模式。此外，加强港口与铁路部门合作共建，推动天津港集团、北京局集团与内陆铁路集团合资合作，共同建设河北武安、山西晋中、内蒙古乌兰察布、宁夏平罗等内陆物流节点，与当地企业开展战略合作，实施全品类、全链条“物流总包”，扩大天津港腹地服务辐射范围，构建畅通、高效、经济的运输保障体系。

——资料来源：天津市交通运输委员会网站

第三节　支撑保障长江经济带高质量发展

推动长江经济带发展是党中央作出的重大决策，是关系国家发展全局的重大战略。新形势下推动长江经济带发展，关键是要正确把握“五个关系”。习近平总书记在深入推动长江经济带发展座谈会上强调，坚持共抓大保护、不搞大开发，加强改革创新、战略统筹、规划引导，以长江经济带发展推动经济高质量发展。[1]

近年来，交通运输部等有关部门和沿江省市做了大量工作，在强化顶层设计、改善生态环境、促进转型发展、探索体制机制改革等方面取得了积极进展。在运输服务领域，交通运输部会同国家发展和改革委员会组织开展了3批多式联运示范工程，其中长江经济带沿线省份29个项目被评为国家多式联运示范工程，提升了区域综合运输组织效率和集约效益。加强对长江经济带沿线11个综合运输服务示范城市及36个公交都市创建工作的指导，鼓励在通道网络、综合枢纽、信息平台、服务产品等方面先行先试，组织开展示范城市创建验收工作，推动形成“以点带面”的创建格局。

专栏9-4　强化长江经济带综合交通运输体系建设

为贯彻落实习近平总书记关于长江经济带综合交通运输体系的重要指示精神和2019年政府工作报告的要求，交通运输部将立足整体设计，充分发挥铁路、公路、水路、民航等自身优势和组合优势，力争通过3年左右的时间，在推动形成基础设施网络衔接一体、运输服务提质增效、技术创新深化应用、绿色安全水平稳步提高的长江综合交通运输体系方面取得明显进展。为此，交通运输部出台了《贯彻落实习近平总书记重要指示精神强化长江经济带综合交通运输体系建设工作方案》，明确了五个方面的主要任务。

一是加快综合交通基础设施体系建设。统筹沿江综合运输大通道的规划建设、过江通道建设和通道空间布局，加快推动常泰、芜湖城南等重点过江通道项目前期工作，全面推进长江黄金水道建设和港口转型升级，推动宜宾至重庆、宜昌至武汉等航道整治及南京以下12.5米深水航道完善工程。

[1]《人民日报》2018年4月27日01版。

二是着力提高综合交通运输的效益。推动大宗货物向铁路、水路运输转移，发展江海直达、铁水联运、多式联运等先进运输组织模式，推动旅客联程运输发展。

三是强化科技与人才支撑。组织推进国家重点研发计划相关专项及项目，提升交通运输数字化水平和运输装备的标准化、智能化水平，推进北斗卫星导航系统在长江航运应用全覆盖，做好重点科研平台、创新团队和人才队伍的培养。

四是大力推进绿色交通发展。做好柴油货车污染治理、船舶港口污染防治工作，推广清洁节能交通装备，积极推进绿色铁路、机场、公路、航道等建设。促进资源集约循环利用，推动废旧材料循环利用和疏浚土综合利用。

五是加强安全监管和应急体系建设。明确安全责任主体和监管责任，建立全链条协同监管。落实好平安交通三年攻坚行动等各类专项行动。推进巡航搜救一体化建设，加强基地、设备和队伍建设。

——资料来源：国新网

第四节　支撑保障区域协调发展战略

一、长三角一体化

2018 年 11 月 5 日，习近平总书记在首届中国国际进口博览会上宣布，支持长江三角洲区域一体化发展并上升为国家战略，着力落实新发展理念，构建现代化经济体系，推进更高起点的深化改革和更高层次的对外开放，同“一带一路”建设、京津冀协同发展、长江经济带发展、粤港澳大湾区建设相互配合，完善中国改革开放空间布局。为深入贯彻党的十九大精神，全面落实党中央、国务院战略部署，中共中央、国务院于 2019 年 12 月印发实施《长江三角洲区域一体化发展规划纲要》。在道路交通运输方面，着重提出要加强中心城市与都市圈内其他城市的市域和城际铁路、道路交通、毗邻地区公交线路对接，构建快速便捷都市通勤圈。推进一体化智能化交通管理，深化重要客货运输领域协同监管、信息交换共享、大数据分析等管理合作。积极开展车联网和车路协同技术创新试点，筹划建设长三角智慧交通示范项目，率先推进杭绍甬智慧高速公路建设。全面推行长三角地区联网售票一网通、交通一卡通，提升区域内居民畅行长三角的感受度和体验度等要求。

专栏9-5　江苏省加快毗邻地区省际公交开行力度

江苏省积极与上海市、浙江省、安徽省等周边省（直辖市）沟通，加快毗邻地区省际公交开行力度，积极服务长三角一体化发展战略。2019 年底，江苏省总共开通了 43 条长三角省际毗邻公交线路，主要为客运班车公交化和城市公共交通线路延伸两种形式，其中衔接上海市 18 条、安徽省 17 条、浙江省 8 条。

——资料来源：江苏省交通运输厅网站

二、粤港澳大湾区

建设粤港澳大湾区，既是新时代推动形成全面开放新格局的新尝试，也是推动“一国两制”事业发展的新实践。2019 年 2 月 18 日，中共中央、国务院印发了《粤港澳大湾区发展规划纲要》，明确提出要提升客货运输服务水平。按照零距离换乘、无缝化衔接目标，完善重大交通设施布局，积极推进干线铁路、城际铁路、市域（郊）铁路等引入机场，提升机场集疏运能力。加快广州—深圳国际性综合交通枢纽建设。推进大湾区城际客运公交化运营，推广“一票式”联程和“一卡通”服务。构建现代货运物流体系，加快发展铁水、公铁、空铁、江河海联运和“一单制”联运服务。加快智能交通系统建设，推进物联网、云计算、大数据等信息技术在交通运输领域的创新集成应用。

专栏9-6　广东省打造粤港澳大湾区“12312”交通圈

按照交通运输部和广东省委、省政府部署要求，广东省对标交通强国建设要求，以建设世界级港口群和机场群、畅通大湾区内外快速交通网络为重点，谋划和建设一批标志性重大交通工程，用好、管好港珠澳大桥，促进跨境运输便利化，推动粤港澳三地跨境通行政策与体制机制优化对接，加快构建便捷高效的现代化综合交通运输体系。计划到 2022 年底，形成大湾区“12312”交通圈，大湾区内实现以香港—深圳、广州—佛山、澳门—珠海为核心的 1 小时交通圈，大湾区至粤东西北各市陆路 2 小时通达、周边省会城市陆路 3 小时通达，与全球主要城市 12 小时通达，基本达到世界一流湾区发展水平。

——资料来源：广东省交通运输厅网站

第十章　稳步推进运输服务高质量发展

2019 年，道路运输行业聚焦《交通强国建设纲要》目标任务，坚持推进供给侧结构性改革，着力促进道路运输价格改革，持续推进多式联运发展，加快道路客运转型升级，深入开展城市绿色货运配送示范工程创建，切实推动运输服务高质量发展。

第一节　道路运输价格改革稳步推进

价格机制是市场化机制的核心，市场决定价格是市场化在资源配置中起决定性作用的关键。随着我国综合交通运输体系持续健全和城乡交通运输一体化水平不断提升，以及网络预约出租汽车、道路客运定制服务等新业态新模式快速发展，道路运输各领域和环节的竞争更加充分。以《汽车客运站收费规则》《汽车运价规则》《道路运输价格管理规定》等文件为主体的现行道路运输价格形成机制，已不能适应新形势下行业高质量发展要求，影响了人民群众出行体验，亟需深化市场化改革。为贯彻落实党中央、国务院决策部署，充分发挥价格机制在道路运输业资源配置过程中的关键性作用，激发道路运输市场主体活力，2019 年交通运输部联合国家发展和改革委员会，制定印发了《关于深化道路运输价格改革的意见》（交运规〔2019〕17 号），深化道路客运价格市场化改革、完善汽车客运站收费分类管理、健全巡游出租汽车运价形成机制、规范道路运输新业态新模式价格管理，进一步提升和规范经营者制定和调整价格的自主权，更好适应市场供求关系变化，疏解价格矛盾，增强道路运输行业发展内生动力，促进经营者提供多元化、高品质的运输服务，更好满足人民群众美好出行需要。

第二节　多式联运纵深推进

多式联运是推动交通运输供给侧结构性改革、物流业降本增效的重要手段。2019 年，交通运输部持续推进多式联运向纵深发展，会同国家发展和改革委员会印发了《关于组织开展第一批多式联运示范工程验收工作的通知》，按照“企业自评、省级审核、部级验收”程序开展验收工作，并梳理总结各地经验做法。组织召开 2019 年全国运输结构调整暨多式联运现场推进会，总结分析了多式联运发展成效和存在问题，公布了河北省“东部沿海—京津冀—西北”通道集装箱海铁公多式联运示范工程等 12 个项目为“国家多式联运示范工程”，并统筹部署下一阶段工作。发布了《商品车多式联运滚装操作规程》《国内集装箱多式联运电子运单》等多项标准，填补了行业空白。

监测数据显示，多式联运示范工程在畅通物流通道、降低物流成本中发挥了重要作用。2019 年，前三批 70 个多式联运示范工程项目，共完成集装箱多式联运量约 480 万 TEU，累计开通线路 390 余条，与公路运输相比，降低物流成本约 150 亿元，减少能耗 192 万吨标准煤，减少碳排放 499 万吨。

专栏10-1　宁波集装箱海铁公多式联运成效显著

“宁波舟山港—浙赣湘（渝川）”集装箱海铁公都是联运示范工程依托海上航运通道、国家铁路网、高速公路网以及港口铁路、货运场站等基础设施，充分结合海运、铁路运输以及公路甩挂、双重运输的优势，综合实施集装箱海铁公多式联运。示范工程创建成效显著，2019 年前 11 个月，宁波海铁联运量完成 72.93 万 TEU，同比增长 33.8%，运量排名上升至全国第二。全年新开省内湖州西、杭州北及省外长沙、淮安、漯河、成都大湾镇、南昌向塘等 7 个业务点，新增常态化运行海铁班列 5 条、内陆无水港 10 个，海铁联运业务网络已覆盖全国 15 个省（自治区、直辖市）的 49 个地级市。首次创新使用“35 吨开顶箱”新型集装箱，用于大宗散货“散改集”“公转铁”。

在进口货源方面，开通宁波舟山港至重庆、西安、绍兴等地进口海铁班列，实现进出口货物海铁“双重运输”。宁波至绍兴双层集装箱海铁联运班列实现常态化运营，铁路运力提高 38%，并全面实现了港口与铁路生产信息互联互通、实时查询、全程跟踪相关信息，从而达到“铁路 + 港口”全程物流跟踪服务。尤其是宁波舟山港与武汉铁路局集团合作推出铁路集装箱“一箱到底”的全程多式联运新模式，运输效率提升 30%。

——资料来源：宁波日报

第三节　道路客运转型升级加快推进

随着“互联网 +”的快速发展，道路客运新业态不断涌现，运输服务呈现多元化发展，预约响应、定制公交、运游融合等服务在道路客运市场中纷纷出现，对传统客运市场造成了不小的冲击。为充分激发道路客运市场活力，提高道路客运服务质量和效率，交通运输部持续推进道路客运行业“放管服”改革，推动道路客运转型升级、高质量发展。鼓励规范发展道路客运定制服务，江苏、浙江、安徽、河北、江西等 20 余个省（自治区、直辖市）开展定制客运服务，积极探索城际专线、城际拼车等服务模式，充分激发市场活力，较好满足了“点到点”“门到门”的出行需求。

专栏10-2　巴士管家在全国184个城市实现一站式出行

“互联网 +”道路客运综合出行服务平台巴士管家，探索“城际 + 场景 + 市内”出行板模式，开展汽车票、城际定制快车、公务用车、定制巴士、校园巴士、机场巴士、火车票等版块的预订业务，助力不同运输方式之间的联运衔接。

截至 2019 年 12 月，巴士管家拥有用户量 3500 余万，累计服务人次已超 1.28 亿，可售全国 22 个省（自治区、直辖市）、260 多个地级市的客票，日均出票 20 万张。汽车票电子检票已覆盖全国 500 余家车站，电子检票使用占出行服务人次的 15%。建设“智慧车站”，实现“刷脸售取票”+“刷脸进站”一站式刷脸乘车，累计服务 198 万人次。巴士管家定制客运实现在全国 15 个省（自治区、直辖市）开通 1000 多条线路，其中接送机服务已覆盖全国 89 个重点机场。巴士管家在全国 184 个城市实现了城际与市内一站式出行，大小交通衔接能力较 2018 年同比提升了 3 倍。用户在巴士管家购买完汽车票、机票、城际定制快线、城际拼车等服务后，无须周转平台，即可预约机场接送、高铁接送、网络预约出租汽车一键叫车等服务，减免换乘，一个平台即可满足长、中、短途出行需求。

——资料来源：中国新闻网

第四节　城市绿色货运配送高效发展

为贯彻落实国务院办公厅《推进运输结构调整三年行动计划（2018—2020年）》文件精神，交通运输部会同有关部门，加强对示范城市的动态监测和考评，加快促进城市配送绿色高效发展，从而进一步提高综合运输效率、降低物流成本。联合公安部、商务部印发了《关于组织开展第二批城市绿色货运配送示范工程申报工作的通知》，在全国启动第二批城市绿色货运配送示范工程，在省级初审、专家评审的基础上，发布了第二批24个示范城市名单，全国城市绿色货运配送创建城市达到46个。编制发布了《城市绿色货运配送示范工程监测分析报告》，督促示范城市加快落实各项建设任务。组织开展城市绿色货运配送示范工程交流研讨会，深入总结和交流城市绿色货运配送示范工程建设经验，积极探索发展新举措与新模式，共同推动城市绿色货运配送高质量发展。

截至2019年9月，22个示范城市累计新增新能源物流配送车3万辆，保有量超过11万辆，平均日单车行驶里程提高10%，有效减少了汽车污染物排放，降低了货运配送成本，积极破解城市配送“进城难、停靠难、装卸难”等问题。

专栏10-3　安阳市城市货运配送持续释放政策红利

自2019年4月1日起，河南省安阳市城市绿色货运配送示范区实行车辆管控通行，每天7—20时，区域内只允许新能源车辆进行货运配送，燃油货运配送车辆被禁止驶入，优先保障了新能源车辆的通行权，倒逼安阳市形成了货物采用共同配送等方式由新能源货车二次分拨到市区的配送模式。

除了出台通行政策外，安阳市五部门联合下发了《安阳市新能源配送车辆运营补贴专项资金管理办法》。从2019年至2021年，每年市财政安排运营补贴专项资金300万元，对新能源车给予每年每车高达6000元的运营补贴。同时，安阳市交通运输局搭建了货运配送公共信息监管平台，实时监控新能源物流车辆货物在途轨迹，并以平台数据为依据对新能源配送车辆进行资金补贴。2018年，安阳市实现了100辆新能源车辆的更新，自城市绿色货运配送示范区设置和专项资金管办法出台后，城配企业参与城市绿色货运配送示范工程的意愿明显增加，预计2019年可实现800辆左右新能源配送车辆的推广。

——资料来源：中国交通新闻网

专栏10-4　苏州市召开新闻通气会 介绍“苏式配送”服务体系

2019年11月，苏州市城市绿色货运配送领导小组办公室组织召开了示范城市创建工作新闻通气会，对当前苏州市绿色货运配送示范城市创建工作的进展。

2019年以来，为加快推进绿色货运配送示范城市创建，苏州市出台了《苏州市创建绿色货运配送示范城市工作方案》《苏州市绿色货运配送示范企业考核管理办法》《苏州市绿色货运配送车辆运营奖补办法》等一系列政策文件，全力打造特色鲜明的“集约、高效、绿色、智能”的“苏式配送”管理与服务体系。目前，苏州市已基本建成层次分明、功能清晰、有机衔接的“圈层式”物流配送枢纽、城市配送中心、末端配送网点三级城市货运配送网络体系和城市货运配送公共信息服务平台，市区新能源配送车保有量增长1.4倍，城市货运配送平均吨公里运输成本下降12%，车辆日均单车行驶里程提高 13%，百吨公里燃料消耗量节约 7%，绿色配送降本增效和节能减排的成效日益显现。

下一阶段，苏州将全面启动绿色货运配送示范企业申报，推广新能源配送车辆应用，开展苏州市区道路客车非法载货及货车闯禁区行为专项整治，设置古城区（护城河以内区域）为绿色配送示范区，明确绿色配送通行管理、停靠装卸等管理措施，进一步加大对违法行为的打击力度，全面提升绿色货运配送效率。

——资料来源：名城苏州网

第十一章　提升便民利民惠民水平

第一节　更贴近民生实事超额完成

2019 年交通运输领域部署了 12 件更贴近民生实事，其中涉及运输服务领域的有 6 件。建制村通客车任务超额完成，新增通客车建制村 11264 个，其中贫困地区 7002 个，翻番完成年度目标任务。其中，24 个省（自治区、直辖市）实现所有具备条件建制村通客车，为农村群众提供了更加安全便捷的出行服务。

“司机之家”建设全面完成，在全国高速公路服务区等建成 182 个“司机之家”，有效改善了货车驾驶员工作环境和休息条件。

公交都市创建持续深入推进，组织完成 14 个公交都市示范城市的专家组验收，超额完成 10 个城市验收目标任务，有力提升了城市公共交通发展水平。

普通货运车辆网上年审全面实现，省级运政系统及网上年审系统升级改造全面完成，全国 31 个省（自治区、直辖市）全部开展普通货运车辆网上年审业务，大大缩短了年审业务办理时间，降低了货运经营者时间成本和经营负担。

汽车维修电子健康档案系统建设基本完成，31 个省（自治区、直辖市）实现汽车维修电子健康档案全覆盖和互联互通，9700 余万辆汽车建立了电子健康档案，累计采集维修记录 3.6 亿辆次。

交通一卡通互联互通稳步推进，全国已有 275 个地级以上城市、448 个县级城市实现了交通一卡通互联互通，2019 年新发行互联互通卡 3100 余万张，发行用于机具终端的 PSAM 卡近 100 万张，异地交易达 3.6 亿笔。

第二节　重大节假日出行保障圆满完成

2019 年重大节假日期间，全行业统筹安排节假日出行保障工作，切实改进旅客出行体验，提升运输服务质量。

运输组织平稳有序。2019 年春运期间，全国旅客发送量达 29.8 亿人次，安全形势总体平稳。其中，铁路发送旅客 4.07 亿人次，增长 6.67%；道路发送旅客 24.6 亿人次，下降 0.8%；水路发送旅客 0.41 亿人次，与去年基本持平；民航发送旅客 0.73 亿人次，增长 11.38%。总体来看，铁路、民航运输需求持续攀升，铁路和公路仍是春运出行主力。

2019 年国庆黄金周期间，道路客运总量稳中有降，累计完成道路客运量 4.80 亿人次，同比下降 2.35%。运输运力保障充足，各地针对假期旅游和探亲出行需求迅速增长的特点，加强运力组织调度，适时增开班线、公交和快客直达服务，较好地满足了人民群众多样化品质化出行需求。国庆期间，全国道路旅客运输共投入营运客车近 79 万辆，农村客运线路 8.9 万余条，日均发班 88 万班。

服务品质不断提升。春运期间，围绕打造“平安春运、便捷春运、温馨春运、诚信春运”，各地加强运力保障，强化各种运输方式协调衔接，采取延长地铁运营时间、开行夜间接驳公交、统筹夜间接站出租汽车等一系列运力接驳措施，充分发挥综合运输服务体系整体效能。深入开展“情满旅途”活动，各地创新售票、候乘、安检等服务方式，改进旅客服务体验。第三方调查评估显示，2019 年春运乘客满意度达到 77.9%，同比上升 3.1%。清明节、劳动节、端午节、中秋节等小长假期间，各地交通运输主管部门组织运输企业加强客流规律研判分析，强化组织调度，重点加强客运枢纽、旅游景区景点等客流密集地区运力供给，动态发班频次，做好道路客运、城市公共交通、出租汽车与民航、铁路干线运输的衔接转运，及时疏运到发旅客。进一步优化农村客运组织，保障城乡群众出行需求。

深化大数据分析应用。充分利用行业信息平台和社会化网络平台数据资源，开展春运大数据分析和服务体验调查评估，深入了解旅客需求，客观评估春运服务效果，为引导旅客合理出行，改进春运服务提供了有力支撑。

专栏11-1　春节黄金周浙江运输保障有力度有温度

2019年春节黄金周期间，浙江省高速公路总流量1453.7万辆次，比去年同期增长8.2%，其中免费放行的小型客车1403.9万辆次，比去年同期增长8.4%，减免通行费比去年同期增长8.4%。全省道路运输发送旅客1581.5万人次，同比下降3.91%；全省机场安全保障输送旅客146.7万人次，同比增长13.2%；全省水路客运量191.9万人次，同比增长7.83%。综合交通运输优势充分显现，智慧春运表现亮眼，高质量运输保障成为新常态。

杭州上线春运智慧系统，每逢整点，该系统就会自动启用“春运慧眼”，用语音播报的方式提示值班人员目前的客运情况并预报未来6小时可能出现的大流量地区和可以预先准备的措施，通过“历史积累+实时动态+计划预报+专家经验”，将准确应对异常情况的准备时间提前了6个小时，极大提升了春运保障水平。

浙江省开展“平安是福 温暖回家路”“情满旅途”等主题活动，积极加强公交、地铁与道路客运、民航、铁路的换乘衔接，加强出租汽车运营调度和管理，提升春节期间旅客换乘便利性和快捷性；高速公路服务区、普通公路驿站推出贴心、特色服务；协调铁路部门利用官方微博、微信、车站广播、显示屏、公告栏等形式及时发布列车开行、车票预售期、售票时间、剩余车票、列车正晚点、旅行注意事项等旅行信息，确保广大旅客走得好，走得满意。

——资料来源：中国交通新闻网

第三节　旅客联程运输服务能力显著增强

为充分发挥各种运输方式比较优势和组合效率，提升运输服务供给能力和质量，改进旅客出行体验，交通运输部联合多部门加快推进旅客联程运输发展，积极发展公铁、公空、空铁等联运模式，开展铁路无轨站、行李直挂、异地候机楼等服务，推进铁路到达旅客换乘城市轨道交通安检流程优化，为旅客提供个性化、多样化、高品质的出行服务。

江苏、浙江等省积极发展“城市候机楼”，为旅客提供“公空联运”服务，畅通旅客出行“最后一公里”。云南、黑龙江等省以“铁路无轨站”为载体，大力发展公铁联运，用公路运输延伸铁路服务便捷旅客出行。北京南、天津等10余个枢纽已实现铁路与城市轨道交通安检流程优化，有效提升了旅客出行体验。

专栏11-2　四川省推动探索铁路公路旅客联程运输“一票制”

2019年7月，四川省交通运输厅和中国铁路成都局集团有限公司签订《共同推进多式联运、联程运输发展合作协议》，提出要有效推动旅客联程运输发展，探索铁路公路旅客联程运输“一票制”。实行客运联程“一票制”，既可以充分发挥各种交通工具的优势，提高运输网络的效率，方便百姓出行，同时也可以打击猖獗的黑车。

未来四川省还将推动建立城市客运、道路客运企业与铁路运输企业常态化合作机制，加快培育专业化的旅客联程运输经营主体，开发联运服务产品；鼓励不同运输方式站场互设自动售（取）票设备，方便旅客购（取）联运客票；鼓励客运枢纽站场设置封闭、连续的联运旅客换乘通道，推进跨方式安检标准互认。

——资料来源：新华网

专栏11-3 常州市布设城市候机楼实现陆空联运

常州市设立城市候机楼，开通了至南京禄口、上海浦东、无锡硕放、常州奔牛等周边多个机场的机场专线，提供公、铁、空的联程运输服务，备受旅客欢迎，实现了客流量的爆发式增长。

此外，常州城市候机楼还设立了进出港信息显示区、贵宾休闲区、候车区等，为旅客提供进出港信息查询、售票、候机以及机场大巴接送等多种航空出行服务。这就意味着，前往机场的旅客在常州客运中心就能办理换登机牌、核实身份信息等一系列航空出行手续，并享受机场绿色通道。枢纽站“一站式”联运服务的实现，为旅客省去了在机场的逗留时间，让整个行程更加轻松舒适。

——资料来源：中国交通新闻网

第四节 服务监督电话作用愈发凸显

12328 电话作为交通运输行业统一的社会公益性服务监督电话，向社会公众提供覆盖公路、水路、道路运输（含城市客运）、海上搜救、海事、救助打捞等业务领域的投诉举报、信息咨询和意见建议服务，目前已实现全国联网运行。2019 年，各地不断提升 12328 电话服务能力，持续开展运行服务质量监测考评，深挖 12328 电话数据价值，针对人民群众反映集中的运输服务和行业管理中的热点、难点问题，认真查找苗头性、倾向性问题及原因，提出改进建议，为交通运输行业科学决策提供了有效支撑。

2019 年，全国 12328 电话系统保持高效顺畅运行，共受理有效业务 2322.78 万件。其中，信息咨询、意见建议、投诉举报业务分别为 2107.48 万件、59.82 万件和 155.48 万件，分别占业务总量的 90.73%、2.58% 和 6.69%。全国 12328 电话系统人工接通率为 75.64%，信息咨询类即时答复率为 97.59%，平均等待时长为 34 秒（含导航提示时间）；限时办结率为 94.83%，投诉举报类限时办结率 97.26%，回访满意率为 96.71%。

第十二章　推动行业安全稳定发展

第一节　安全生产形势稳中向好

2019 年，全国道路运输安全生产形势继续保持稳定向好态势，较大事故起数和死亡人数继续保持“双下降”，重特大事故得到有效遏制。截至 2019 年 12 月 31 日，共接报造成人员死亡（失踪）的行车事故 83 起、死亡（失踪）367 人，同比下降 13.5%、13.6%。其中，较大事故 82 起、死亡（失踪）331 人，同比下降 11.8%、13.1%；特别重大事故 1 起（江苏宜兴“9·28”特别重大非法营运客车事故）、死亡 36 人（2018 年同期未发生特别重大事故）；未发生重大事故（2018 年同期发生重大事故 3 起、死亡 44 人）。2019 年，客车非法营运、货车超限超载有所抬头，危险货物运输安全风险继续加大，非传统安全防范压力不断上升，特别是江苏宜兴“9·28”特别重大事故给人民生命财产带来了巨大损失，为行业安全生产再次敲响了警钟。

2019 年，道路运输安全事故呈现出四方面特点：一是重型货车事故占比较高，12 吨及以上的重型货车发生较大安全事故 51 起，造成 200 人死亡，分别占到全年较大事故的 63% 和 61.5%。二是营运车辆与非营运车辆发生的事故比例上升，全年共发生营运车辆与社会车辆事故 52 起，造成 207 人死亡，分别占比 64.2% 和 63.7%，反映出我国道路交通通行环境日趋复杂，驾驶员的防御性驾驶知识和技能水平有待进一步加强。三是人为因素仍是事故的主要致因，由驾驶员超速、操作不当、应急处置不当等行为导致的较大安全事故 71 起，造成 286 人死亡，占全年事故总数的 85% 以上，驾驶员的安全素质提升任重道远。四是非法营运事故抬头，江苏宜兴“9·28”特别重大事故暴露出，很多基层交通执法监管部门思想认识上不到位、执法权限不清晰、执法手段不完备，加之未与公安交管等部门形成合力，很难对非法营运实施有效打击。

当前我国道路运输行业安全事故仍处于“高位波动期”，行业人、车、户信息化应用程度不高，事中事后监管力量薄弱，全链条、全过程监管体系尚未形成；管理理念、手段、方式都不适应新形势下改革发展需要，不想管、不敢管、不会管等问题仍然十分突出。行业治理手段单一，推动政策执行还主要靠督查指导、通报约谈等传统手段，综合运用法律、经济、舆论、市场引导等手段还不熟练。未来发展中，道路运输企业必须牢固树立安全发展理念，坚守安全生产底线，真正做到安全第一，把安全生产放到各项工作的首位，坚决遏制重特大安全生产事故发生，切实保障人民群众生命财产安全。

第二节　安全生产管理制度逐步完善

一、安全生产规章制度体系进一步完善

2019 年，为贯彻落实《中华人民共和国安全生产法》，交通运输部印发实施了《道路运输企业主要负责人和安全生产管理人员安全考核管理办法》及《道路运输企业主要负责人和安全生产管理人员安全考核大纲》，按照“立足行业、依法依规，突出重点、分步实施，明确分工、统筹推进，平稳过渡、做好衔接”的总体原则，对道路运输企业两类关键人员安全考核工作，进行了统筹谋划。修订出台了《汽车客运站安全管理规范》，强化客运站安全生产责任制、关键人员管理要求，完善“三不进站、六不出站”制度和安全隐患排查整治要求，优化车辆安全例检项目，提升针对性和可操作性。六部门联合发布了《危险货物

道路运输安全管理办法》，坚持问题导向，针对危险货物运输管理的薄弱环节，建立了危险货物托运清单、充装查验、运单管理、常压罐体检验、有限数量和例外数量等制度，坚持部门协同，构建基于全链条、全要素的危险货物安全管理体系，不断推进安全生产管理规范化、制度化建设。印发了《交通运输部办公厅关于贯彻落实习近平总书记重要指示批示精神切实加强道路运输安全生产工作的通知》，对加强道路运输安全隐患排查治理，严厉打击非法营运行为进行了重点部署。印发《省级危险货物道路运输安全监管系统建设指南》，加快推进基于危险货物电子运单的部省互联互通系统建设，充分利用信息化手段实现对危险货物全链条的安全监管。此外，2019 年定期开展了安全生产形势分析，按季度组织召开全国道路运输安全生产形势分析电视电话会议，对一年各阶段运输安全生产形势进行研判分析，加强安全生产工作调度部署。道路运输行业点多线长面广，加之企业主体责任落得不实、安全生产投入不足、安全监管水平不高等问题，重特大事故依然易发多发。未来仍然需要全面落实安全生产改革行动计划，坚持安全生产季度分析例会制度，完善道路运输安全检查制度，切实增强制度的针对性和操作性。

二、企业安全生产主体责任进一步落实

2019 年，积极贯彻落实《道路旅客运输企业安全管理规范》，不断推进运输企业安全生产管理制度化、标准化、规范化建设，促进企业安全生产主体责任的落实。各地严格落实《道路客运接驳运输管理办法（试行)》，依托接驳运输管理平台强化接驳过程监控，保障长途客运安全。截至 2019 年 12 月，共有 403 家客运企业、6000 辆班车开展接驳运输。未避开凌晨 2—5 时运行的 800 公里以上线路客运班车中，开展接驳运输的车辆占比超过 80%。接驳运输车辆未发生重大以上安全生产事故。印发了《交通运输部办公厅关于建立卧铺客车和 800 公里以上道路客运班线台账有关事项的通知》，基于台账加强重点安全监管。将 800 公里以上长途客运班线、省际旅游包车纳入安全生产重大风险，切实加强风险管控。截至 2019 年 12 月，全国存量卧铺客车 6031 辆，800 公里以上客运班线约 4800 条、车辆 1.03 万辆，与 2018 年相比，卧铺客车和长途客运班车数量分别下降 29%、26%。未来要继续推动落实安全生产主体责任，积极推进安全生产监管标准化、规范化建设，把企业落实安全生产制度、应用动态监控系统等作为夯实责任的重要环节来抓。

第三节 车辆安全性能稳步提升

一、营运车辆本质安全水平明显提升

2019 年，交通运输部发布《营运货车安全技术条件 第 2 部分：牵引车辆与挂车》(JT/T 1178.2—2019)、《营运车辆自动紧急制动系统性能要求和测试规程》(JT/T 1242—2019）等标准，以及《营运客车类型划分及等级评定》1 号修改单，制定了《危险货物道路运输车辆安全技术条件》标准，并举办了道路运输车辆技术管理培训班，对 JT/T 1178.2 标准及相关车辆管理的最新政策进行了宣贯解读，健全完善了车辆技术管理标准体系。在评估达标管理工作的基础上，起草了《道路运输车辆达标管理办法》，积极推进道路运输车辆达标管理制度整合，优化调整道路运输车辆技术管理制度。开展了道路运输车辆达标管理“双随机、一公开”抽查，确保相关安全节能技术标准执行到位，理顺了营运车辆达标管理运行机制，车辆本质安全性能大幅提升。2019 年，全年累计发布 11 批（第 5～15 批）道路运输车辆达标车型。截至目前，有效车型共有 8357 个车型，其中客车 774 个，货车 7583 个，因新标准实施或标准新阶段要求实施撤销不达标车型 9446 个，大幅减少了车型数量。对不符合有关标准要求的车型暂时撤销，待企业进行相关安全性能和配置要求进行补充后，进行变更扩展，并重新公示公告。未来仍需积极抓好《营运客车安全技术条件》(JT/T 1094—2016）第三阶段、《营运货车安全技术条件 第 1 部分：载货汽车》(JT/T 1178.1—

2018）第二阶段的实施工作，严格落实营运车辆安全技术条件系列标准，改革完善道路运输车辆达标车型管理制度，推广辅助自动驾驶技术在道路运输领域应用，切实提升营运车辆本质安全和主动安全水平。

二、货运车型标准化持续推进

2019 年，交通运输部印发《关于进一步加强车辆运输车超长违法运输行为治理工作的通知》(交办运函〔2019〕1198 号)，要求各地持续强化源头装载监管，严格路面执法检查，加强违法信息共享，实施信用联合惩戒，巩固车辆运输车治理成效。按季度在《全国治超工作情况通报》中通报车辆运输车违法情况，并将公安交警、路政部门在路面执法中查处的违法信息 1.8 万余起转交车籍地交通运输管理部门进行源头处罚，涉及车辆运输车 1.6 万余辆，整车物流企业 3000 余家。起草了《常压液体危险货物罐车治理工作方案》，拟按照健全标准、消化存量、严把增量、循序推进的思路，对全国约 18 万辆常压液体危险货物运输罐车进行集中治理，全面提升危险货物运输安全管理水平。

第四节　重点领域专项治理深入推进

一、重点整治行动取得显著成效

2019 年，道路运输重点领域专项整治行动有序推进，深入贯彻落实了《道路运输安全生产工作计划(2018—2020)》，加快推进营运客车安全监控及防护装置整治专项行动，在汲取了 2018 年重庆万州公交车坠江事件教训后，部署开展了城市公交车驾驶区域防护隔离设施治理，完成了全国 70% 以上的公交车安装防护隔离设施，大大降低了乘客对驾驶员的侵扰程度。汲取甘肃兰州“11 · 3”等事故教训，开展了营运驾驶员安全文明驾驶教育专项行动，提升职业道德、安全文明意识和应急处置能力，组织编写了道路运输安全驾驶口袋书，免费向全国驾驶员发放了 5 万册。组织制作了安全文明出行公益宣传片，在城市公交车、城市轨道交通列车、道路客运车辆及相关站点进行循环播放，提高乘客文明乘车、安全出行意识。在贵州建设了全国首个“体验式”警示教育基地，并系统总结了贵州道路运输安全警示教育基地建设和运营经验，按片区赴吉林、河南、广东、湖北等 10 余省市开展实地调研，组织编制了《全国道路运输安全警示教育基地建设规划方案》及《全国道路运输安全警示教育基地建设指南》，初步提出了基地布局方案、建设与运营管理模式、支持政策等，为全国道路运输安全警示教育基地建设提供了顶层制度设计和政策支撑。积极推动智能视频监控报警装置的安装使用，驾驶员不安全驾驶导致的道路运输安全事故数量大幅减少。

二、行业稳定形势明显好转

2019 年，各地坚持出租汽车、道路货运行业每日稳定“零报告”制度，密切关注行业稳定态势，依法及时处置不稳定事件。充分发挥道路货运行业维稳部际协调机制作用，积极协调有关部门统筹研判形势，协同做好货运行业维稳处置工作，全年道路货运行业未发生大规模聚集罢运事件。同时，强化重点时段、重点区域道路客运安全监督检查，对 16 个省区市道路客运安全管理工作进行督查，行业稳定形势总体良好，全年未发生群体性、造成恶劣影响的不稳定事件。

第十三章　提升行业治理能力

第一节　法规标准体系不断完善

2019 年，交通运输部继续加快推进重点领域立法进程，修订出台了《机动车维修管理规定》《道路运输从业人员管理规定》《道路货物运输及站场管理规定》《道路运输车辆技术管理规定》4 个部门规章，建立健全运输服务法规政策体系。推动发布了《城市轨道设施设备分类与代码》(GB/T 37486—2019）等 4 项国家标准、《国内集装箱多式联运电子运单》(JT/T 1245—2019)《城市公共汽电车驾驶区防护隔离设施技术要求》(JT/T 1241—2019）等 21 项行业标准。印发了《网络平台道路货物运输经营管理暂行办法》，以及配套的《网络平台道路货物运输经营服务指南》《省级网络货运信息监测系统建设指南》《部网络货运信息交互系统接入指南》等指南，明确了网络货运新业态的法律定位、行为要求和监督管理的相关要求，为网络货运新业态发展创造有利的制度环境。发布实施了《道路冷链运输服务规则》(JT/T 1234—2019)，提升我国冷链物流发展整体水平。此外，各地也加快构建运输服务现代治理体系，积极加强行业制度化建设，如广东省组织制订《广东省道路运输领域信用分类管理制度》《广东省道路运输领域信用信息采集和报送制度》《广东省交通运输厅道路运输“双随机、一公开”监管工作实施细则》等规章制度，建立健全交通运输领域信用制度体系，加快构建道路运输市场监管新机制。

第二节　“放管服”改革持续推进

2019 年，道路运输领域“放管服”改革深入推进，取消了国际道路货物运输许可、道路货物运输站（场）经营许可等事项，下放道路客运经营许可层级，提升经营者在站点设置、班次安排、运力调配等方面的自主权，进一步降低企业负担，激发市场活力。优化了达标车型视同判定条件，不断加强达标车型管理信息化建设，积极用好“一网三系统”(道路运输车辆技术服务网，道路运输车辆达标车型申报系统、审查系统、核查系统)，提升车型申报的便利性、减轻企业负担。

第三节　信息化服务水平稳步提升

一、互联网道路运输便民服务水平提升

2019 年，印发了《交通运输部办公厅关于改进提升互联网道路运输便民政务服务工作的通知》，部署启动互联网道路运输便民政务服务系统建设，面向社会公众提供“一站式”网上办事服务，2019 年底实现了道路运输普通货运车辆年度审验、道路运输驾驶员诚信考核、货运车辆道路运输证、货运驾驶员从业资格证、普通货运驾驶员学习教育等 13 个高频事项“一网通办”。研究起草了道路运输电子证照推广应用实施方案，在经营性客货运输、道路危险货物运输、出租汽车等领域推广应用电子证照，不断提升便民服务水平和行业监管效能。

联网售票服务水平显著提升。出台了《交通运输部办公厅关于进一步提升道路客运联网售票服务水平的通知》，对省域联网售票、部省联网售票、电子客票试点等工作作出全面部署。截至 2019 年 12 月，全国二级及以上客运站联网售票覆盖率达 98.6%，班次可售率为 80%，网上售票量超过 2 亿张。全国 23 个省（自治区、直辖市）已实现部省联网售票服务，高效协同的部省联网售票体系初步形成。同时，形成了《道路客运电子客票系统技术规范》报批稿，部省两级电子客票系统基本建成。截至 2019 年 12 月，率先在天津、河北、山东开展道路客运电子客票试点，218 个二级及以上客运站完成联调测试，166 个客运站启动电子客票试点应用，累计生成电子客票超过 290 万张。

二、重点营运车辆联网联控系统应用水平提升

2019 年，发布了第 22～25 批道路运输车辆卫星定位系统平台和车载终端公告，发布了《道路运输车辆卫星定位系统 车载终端技术要求》(JT/T 794—2019)、《道路运输车辆卫星定位系统 终端通信协议及数据格式》(JT/T 808—2019）和《道路运输车辆卫星定位系统 平台数据交换》(JT/T 809—2019）等相关标准修订，印发了《关于印发〈加强营运车辆动态监控及营运客车安全带使用工作方案〉的通知》，开展了加强营运车辆动态监控及营运客车安全带使用专项督查工作。

附录 1　2019 年道路运输行业大事记

1月

2 日　交通运输部召开 2019 年部安委会第一次全体会议，部长、部安委会主任李小鹏强调，要树立安全发展理念，“六个着力”确保交通运输安全生产形势稳定。

7 日　交通运输部同国家发展改革委、公安部等部门联合召开 2019 年春运电视电话会，交通运输部副部长刘小明出席会议并强调，要着力打造“平安春运、便捷春运、温馨春运、诚信春运”，以优异成绩庆祝中华人民共和国成立 70 周年。

8 日　最高人民法院、最高人民检察院和公安部联合发布《关于依法惩治妨害公共交通工具安全驾驶违法犯罪行为的指导意见》。

9 日　全国公安机关公交车安全防范工作现场经验交流会在京召开，交通运输部副部长刘小明出席会议并指出，我国城市公交目前每天服务 2 亿人次出行，治理体系不断完善，智能化、品质化服务体系加快形成，城市绿色出行和文明出行水平持续提升。

20 日　中共中央政治局委员、国务院副总理刘鹤在北京市检查春运工作，并慰问了志愿者和交通运输行业干部职工，强调要真正让旅客感受到像家一般的温暖，各地区和有关部门要密切协同配合，做好人力、物力和经费保障，确保圆满完成春运各项任务。

21 日　为期 40 天的春运拉开大幕，交通运输部印发了《2019 年综合运输春运工作总体方案》，进一步部署春运组织保障工作。

21 日　2019 年春运第一天，交通运输部、公安部、应急管理部、中华全国总工会、共青团中央和广东省政府在广州市联合举行 2019 年全国春运“情满旅途”活动启动仪式。交通运输部副部长刘小明要求，提高出行安全感，提升服务满意度。

22 日至 23 日　交通运输部副部长刘小明在江苏省开展春运安全检查时要求，提高站位强化责任，坚决打好春运攻坚战。

23 日至 26 日　交通运输部副部长刘小明在甘肃省开展脱贫攻坚整改调研，要求全力做好巡视问题整改工作，部省合力，坚决打赢交通扶贫脱贫攻坚战。

24 日　交通运输部副部长刘小明在第一季度道路运输安全生产视频会上要求，精准施策推动安全形势好转和运输服务高质量发展。

29 日　交通运输部发布行业标准《城市公共汽电车车辆专用安全设施技术要求》(JT/T 1240—2019)，对公共汽电车（公交车）乘客门控制系统、应急出口等多种专用安全设施，提出了功能、技术和安装配置方面的具体要求，将于 3 月 1 日起实施。

31 日　交通运输部发布《城市轨道交通初期运营前安全评估管理暂行办法》，自 2019 年 7 月 1 日起施行，配套发布《城市轨道交通初期运营前安全评估技术规范 第 1 部分：地铁和轻轨》。

2月

17 日　交通运输部副部长刘小明带队到河北省调研检查 2019 年春运后半程运输服务保障及全国两会运输安保工作。

26 日　国家发展改革委、交通运输部等 24 个部门联合发布《关于推动物流高质量发展促进形成强大国内市场的意见》。

22 日　交通运输部、公安部、中华全国总工会在京联合主办“最美货车司机”事迹报告会。丁志健等 96 人被评为“最美货车司机”，其中王喜军等 10 人获评“十大最美货车司机”。会前，部党组书记杨传堂、部长李小鹏接见了“十大最美货车司机”，向他们表示热烈祝贺，并向全国货运行业广大司机表示亲切慰问。副部长刘小明出席报告会并要求，加快推动货运行业转型升级高质量发展，不断提高货车司机获得感幸福感安全感。

3月

1 日　2019 年春运顺利结束。据统计，春运 40 天全国旅客发送量达 29.8 亿人次，比去年同期增长 0.33%。旅客满意度同比去年提升 3.1 个百分点。道路运输发送旅客 24.6 亿人次，下降 0.83%。

11 日至 15 日　交通运输部会同海关总署组团赴柬埔寨暹粒参加大湄公河次区域（GMS）国家便利运输委员会联合委员会第七次会议，与会各方就《关于扩大 < 大湄公河次区域便利货物及人员跨境运输协定 > 线路方案的谅解备忘录》以及未来 5 年联委会工作安排达成一致。期间，分别与老挝、缅甸、越南等国代表团举行双边会谈，就开展双边国际道路运输合作有关事项进行了磋商。

11 日　召开贫困地区建制村通客车工作会议，督促重点省份加快推进剩余具备条件的乡镇和建制村通客车。

15 日　交通运输部发布了行业标准《营运货车能效和二氧化碳排放强度等级及评定方法》（JT/T 1248—2019）、《营运客车能效和二氧化碳排放强度等级及评定方法》（JT/T 1249—2019），具体规定了营运客货车辆能效和二氧化碳排放强度等级及评定方法。两项标准于 2019 年 7 月 1 日正式实施。

18 日至 19 日　交通运输部副部长刘小明，部总规划师兼综合规划司司长王志清，部总工程师周伟等分别带队赴河南、湖南、湖北、安徽、甘肃、四川等地，以明查和暗访相结合的方式，开展安全生产专项检查，深入推进安全隐患排查治理，加强重点领域安全监管，确保交通运输安全生产形势持续稳定、好转。

27 日　交通运输新业态协同监管部际联席会议 2019 年第一次全体会议召开，交通运输部部长李小鹏强调，强化责任担当，精准把握好新形势新要求，群策群力推动交通运输新业态健康发展。

30 日至 4 月 3 日　交通运输部副部长刘小明带队赴河南省、湖南省开展安全生产专项检查。

4月

9 日　交通运输部印发《城市轨道交通服务质量评价管理办法》，于 2019 年 7 月 1 日起施行。配套印发《城市轨道交通服务质量评价规范》，规范了评价程序、评价指标和评分规则等具体要求。

10 日至 11 日　交通运输部副部长刘小明就城市交通拥堵治理、自动驾驶技术应用等工作，到上海市、浙江省杭州市开展调研和座谈，要求推进实施城市交通综合治理，促进城市交通高质量发展。

17 日　交通运输部副部长刘小明带队到天津市督导调研第二届“一带一路”国际合作高峰论坛和 2019 年中国北京世界园艺博览会（简称北京世园会）道路运输安保工作。

19 日　交通运输部、中华全国总工会联合发布《关于进一步做好“司机之家”建设和验收工作的通知》。

21 日　国务院办公厅转发交通运输部等部门《关于加快道路货运行业转型升级促进高质量发展的意见》，聚焦当前道路货运行业发展面临的突出问题，从 5 个方面部署了 14 项重点工作任务。

22 日　交通运输部召开 2019 年第二季度道路运输安全生产形势分析视频会。副部长刘小明出席会议并强调，切实抓好道路运输安全工作，确保全国道路运输安全生产形势持续稳定向好。

24 日　交通运输部副部长刘小明在京会见了应邀出席第二届“一带一路”国际合作高峰论坛的国际道路运输联盟（IRU）秘书长翁贝托•德•布雷托，就与 IRU 在国际道路运输领域合作相关问题交换了意见。

25 日　交通运输部副部长刘小明带队到北京市调研检查北京世园会交通运输保障工作，就做好实战阶段各项工作进行再动员、再部署。

25 日　在国家主席习近平和白俄罗斯总统卢卡申科的见证下，中白两国政府代表在北京市共同签署了《中华人民共和国政府与白俄罗斯共和国政府国际道路运输协定》。

25 日　在国家主席习近平和蒙古国总统巴特图勒嘎见证下，中蒙两国交通运输部代表在北京市共同签署了《中华人民共和国交通运输部和蒙古国交通运输发展部关于实施 < 中华人民共和国政府和蒙古国政府汽车运输协定 > 的议定书》。

27 日　交通运输部部长李小鹏与格鲁吉亚副总理兼区域发展和基础设施部部长玛雅•茨基季什维利分别代表两国政府，在北京市签署了《中华人民共和国政府与格鲁吉亚政府国际道路旅客和货物运输协定》。

29 日　“2018 年感动交通十大年度人物”视频报告会在交通运输部机关举行。福建省三明市公共交通公司驾驶员孙黎平、宁夏回族自治区吴忠市客车运输有限公司乘务员张思思等获此殊荣。

29 日　在国家主席习近平和尼泊尔总统班达里的共同见证下，交通运输部部长李小鹏与尼泊尔外交部部长贾瓦利分别代表两国政府，在北京签署了《中华人民共和国政府和尼泊尔政府关于实施 < 中华人民共和国政府和尼泊尔政府过境运输协定 > 的议定书》。

30 日　在国家主席习近平和老挝国家主席本扬的共同见证下，交通运输部部长李小鹏与老挝公共工程与运输部部长本占•辛塔冯分别代表两国政府，在北京签署了《中华人民共和国政府与老挝人民民主共和国政府国际道路运输协定》。

5月

8 日	财政部、工业和信息化部、交通运输部、国家发展改革委联合发布《关于支持新能源公交车推广应用的通知》。
8 日	交通运输部召开加快道路货运行业转型升级促进高质量发展动员部署视频会，副部长刘小明出席会议并强调，要共同推动道路货运降本增效提质升级，推进高质量发展。
8 日	交通运输部、国家发展改革委、财政部、应急管理部、国家铁路局、中国民用航空局、中国铁路总公司印发了《关于保障国家综合性消防救援队伍人员交通出行优待权益有关事项的通知》。
8 日至 10 日	交通运输部党组书记杨传堂在兰州市召开六盘山片区脱贫攻坚现场办公会，要求六盘山片区加快完成“两通”兜底任务，确保高质量打赢脱贫攻坚战。
9 日	交通运输部、中国人民银行、国家发展改革委、公安部、市场监督管理总局、银保监会 6 部门联合印发了《交通运输新业态用户资金管理办法（试行）》。
11 日至 17 日	根据交通运输部党组书记杨传堂、部长李小鹏的指示批示要求，组织开展乡镇和建制村通客车底数核查，摸清已通客车、具备条件但暂未通客车、不具备通客车条件的乡镇和建制村底数。
14 日	交通运输部党组书记杨传堂到北京市三元桥地铁站、轨道交通指挥中心，就智慧安检、智慧调度指挥和应急处置、自动售检票系统运行等开展调研和座谈，强调加快推进城市轨道交通安全运行优质服务高质量发展。
20 日	交通运输部、中央宣传部、国家发展改革委等 12 个部门和单位发布了《绿色出行行动计划（2019—2022 年）》。
21 日	交通运输部办公厅印发《关于推动乡镇和建制村通客车任务纳入地方脱贫攻坚考核目标的通知》。
27 日	大湄公河次区域（GMS）国际道路运输（中国—老挝—越南）启动仪式在云南省昆明市举行。交通运输部副部长刘小明，老挝公共工程和运输部副部长圆沙瓦•西盘顿，越南公路总局副局长潘氏秋贤，云南省副省长王显刚出席仪式并共同宣布 GMS 国际道路运输正式启动。
28 日	由中国交通运输部主办的大湄公河次区域（GMS）国际道路运输启动仪式（中国—老挝—越南）分别在昆明市、南宁市举行。
28 日	2019 年全国运输服务厅局长研讨班在云南省昆明市召开。交通运输部副部长刘小明出席研讨班并指出，要抢抓数字化、网络化、智能化发展机遇，加快实现数字监管，切实增进服务体验。

6月

6 日	国家税务总局和交通运输部联合发布《关于城市公交企业购置公共汽电车辆免征车辆购置税有关事项的公告》。
14 日	“我的公交我的城”新能源公交运营经验研讨会在湖南省株洲市举行，同期举办“公

交成就展”。

14 日　由中国科学技术协会、交通运输部、中国工程院共同主办，主题为“智能绿色引领未来交通”的 2019 年世界交通运输大会在京开幕，交通运输部副部长刘小明出席大会并致辞。

21 日　交通运输部印发《交通运输部关于修改 < 机动车维修管理规定 > 的决定》，根据国务院“放管服”统一部署，取消机动车维修经营许可，建立健全机动车维修经营备案制度，加强事中事后监管。

22 日至 25 日　交通运输部副部长刘小明等赴四川省开展脱贫攻坚专项巡视问题整改调研，督促指导四川省加快推进具备条件的乡镇和建制村通客车工作。

25 日　交通运输部召开促进交通运输新业态高质量发展座谈会，副部长刘小明主持会议，部分行业协会及新业态典型企业参会，并特邀多名全国人大代表列席。

26 日　国务院办公厅印发《交通运输领域中央与地方财政事权和支出责任划分改革方案》，明确边境口岸汽车出入境运输管理为中央财政事权。中央承担专项规划、政策决定、监督评价职责，建设、养护、管理、运营等具体执行事项由中央委托地方实施。边境口岸汽车出入境运输管理由中央承担支出责任。

27 日至 28 日　全国道路客运定制化服务推进会在兰州市召开，来自 23 个省区市的地方交通运输部门、行业协会、客运企业、互联网企业共 300 余名代表参加了会议。

7月

1 日　交通运输部召开 2019 年部安委会第三次全体会议，强调要下定决心动真格出重拳用实招，牢牢守住交通运输安全生产底线。

3 日至 4 日　中蒙俄三方代表团和联合国亚太经社会代表在内蒙古自治区满洲里市举行《关于沿亚洲公路网国际道路运输政府间协定》联委会第一次会议，落实中蒙俄三国元首达成的有关共识，推动“一带一路”倡议与蒙古“发展之路”计划和俄罗斯“欧亚经济联盟”计划对接，支撑中蒙俄经济走廊建设。

18 日　交通运输部印发《道路运输企业主要负责人和安全生产管理人员安全考核管理办法》和《道路运输企业主要负责人和安全生产管理人员安全考核大纲》。

19 日　交通运输部副部长刘小明到河北省秦皇岛市督导调研暑期交通运输安全保障和运输结构调整工作。

27 日　交通运输部印发《城市轨道交通运营安全风险分级管控和隐患排查治理管理办法》《城市轨道交通设施设备运行维护管理办法》《城市轨道交通运营突发事件应急演练管理办法》，于 11 月 1 日起施行；印发《城市轨道交通运营险性事件信息报告与分析管理办法》，于 8 月 1 日起施行。

8月

9 日　交通运输部、中华全国总工会联合发出通知，在全国范围内开展“最美公交司机”推选宣传活动。

10 日　中国、塔吉克斯坦、乌兹别克斯坦三国交通主管部门在乌兹别克斯坦共和国铁尔梅兹举行中塔乌国际道路货物运输试运行活动。中塔乌国际道路货物运输试运行车队首次实现了贯穿喀什—杜尚别—铁尔梅兹等城市的国际道路运输。

12 日　交通运输部联合国家邮政局、中国邮政集团公司印发《关于深化交通运输与邮政快递融合推进农村物流高质量发展的意见》，推动交通运输与邮政快递在农村地区融合发展，提高农村物流服务覆盖率。

13 日至 14 日　交通运输部副部长刘小明到湖北省武汉市督导调研第七届世界军人运动会交通运输安全和服务保障工作。

18 日　交通运输部、中华全国总工会联合在山东省泰安市召开“司机之家”建设工作推进现场会，“司机之家”建设取得阶段性成效，76 个建设试点项目通过验收。

9月

5 日　第七届全国道德模范座谈会在北京市召开。交通运输行业共有 6 人获得全国道德模范荣誉称号，9 人获全国道德模范提名奖。吉林省吉林市实力出租车公司出租汽车驾驶员郑立永、湖北省十堰市顺强运业有限公司出租汽车驾驶员温国学、海南省三亚市公共交通集团有限公司驾驶员杨桂秀、重庆市公路运输（集团）有限公司出租汽车分公司驾驶员经小文等 9 人获全国道德模范提名奖。

6 日　交通运输部、国家税务总局联合印发《网络平台道路货物运输经营管理暂行办法》，自 2020 年 1 月 1 日起施行。

13 日　交通运输部联合公安部、商务部印发《关于组织开展第二批城市绿色货运配送示范工程的通知》，启动第二批城市绿色配送示范工程申报工作。

16 日　由交通运输部、公安部、国家机关事务管理局、中华全国总工会联合举办的 2019 年绿色出行宣传周和公交出行宣传周启动仪式在天津市举行。

17 日　交通运输部部长李小鹏到北京市就国庆 70 周年及“十一黄金周”交通运输安全生产和运输服务开展调研。

17 日　财政部经请示国务院同意，2020 年农村客运和出租汽车行业油价补贴按照现有政策机制执行，为农村客运可持续发展提供了资金保障。

18 日　交通运输部副部长刘小明就道路客运、危货运输安全、城市轨道交通运营安全、公路运行安全、新中国成立 70 周年大庆安保工作开展情况，到吉林省长春市开展督导检查。

19 日　交通运输部印发了《交通运输部办公厅关于深化交邮融合推广农村物流服务品牌的通知》，联合国家邮政局在全国范围内组织开展“农村物流服务品牌”推广工作，进一步深化交邮融合，引领农村物流高质量发展。

20 日　交通运输部印发修订后的《汽车客运站安全生产规范》，自 2019 年 11 月 1 日起施行。

10月

18日　交通运输部印发《城市轨道交通行车组织管理办法》《城市轨道交通客运组织与服务管理办法》和《城市轨道交通正式运营前和运营期间安全评估管理暂行办法》，配套印发《城市轨道交通正式运营前安全评估规范 第1部分：地铁和轻轨》《城市轨道交通运营期间安全评估规范》，于2020年4月1日起施行。

18日　交通运输部副部长刘小明在湖北省检查交通运输安全生产及第七届世界军人运动会交通运输安全保障工作。

26日至27日　以“城市群协同发展背景下交通体系创新发展——协同、创新、绿色、智慧”为主题的第五届世界大城市交通发展论坛在北京市举行。

29日　主题为“迈向城市轨道交通运营发展新时代”的城市轨道交通运营发展论坛在京召开。交通运输部副部长刘小明在开幕式致辞并作主题发言，强调要加快推进城市轨道交通高质量发展，让城市轨道交通成为加快建设交通强国的先行领域。

30日　交通运输部党组书记杨传堂主持召开城市轨道交通运营管理工作座谈会。他强调，要加快推进城市轨道交通高质量发展，更好支撑大城市发展和世界级城市群建设。

31日至11月1日　中国—哈萨克斯坦合作委员会交通合作分委会第12次会议在京举行。交通运输部副部长刘小明出席中哈交通合作分委会会议。

11月

9日　由交通运输部、人力资源和社会保障部、中华全国总工会、共青团中央共同主办的2019年中国技能大赛——第十一届全国交通运输行业“邦邦汽服•驾安配杯”汽车维修工（职工组）职业技能大赛，在天津交通职业学院落幕。广东省交通运输厅荣获团体成绩第一名，深圳市杰顺汽车服务有限公司选手赵治国荣获个人成绩第一名。

11日　交通运输部、中央网信办、工业和信息化部、公安部、应急管理部、市场监督管理总局以交通运输新业态协同监管部际联席会议办公室名义，联合约谈滴滴出行、首汽约车、神州优车、曹操出行、美团出行、高德、嘀嗒出行、哈　出行8家网约车顺风车平台公司。

11日至20日　交通运输部会同海关总署、国家移民管理局等部门组成中方代表团，分别赴立陶宛、乌克兰、阿塞拜疆参加中立、中乌、中阿双边国际道路运输事务级会谈，就相关双边政府间国际道路运输协定草案同外方进行了首轮磋商。

21日　交通运输部会同国家发展改革委印发《关于深化道路运输价格改革的意见》，完善班车客运、农村客运、巡游出租汽车等道路运输价格形成机制，促进道路运输行业高质量发展。

22日　交通运输脱贫攻坚暨贫困地区建制村通客车调研座谈会在河南省潢川县召开。

28日　交通运输部、工业和信息化部、公安部、生态环境部、应急管理部、市场监督管理总局联合制定印发《危险货物道路运输安全管理办法》，自2020年1月1日起施行。

12月		
	5 日	全国运输结构调整暨多式联运现场推进会在交通运输部党校召开，交通运输部部长李小鹏出席会议并讲话，深入分析形势要求，统筹部署下一阶段运输结构调整工作。交通运输部副部长刘小明主持会议，并做了总结讲话。
	10 日	交通运输部联合公安部、商务部正式印发《关于公布第二批城市绿色货运配送示范工程创建城市的通知》，公布了 24 个第二批示范城市名单。
	12 日	交通运输部、北京冬奥组委印发《关于成立北京冬奥会交通工作协调小组的通知》。
	12 日	全国道路客运电子客票推介会暨道路客运电子客票试运行启动仪式在雄安新区召开。
	25 日	交通运输部副部长刘小明在 2020 年全国春运电视电话会上强调，全力以赴让旅客出行更便捷、更安全、更温馨。
	26 日	2020 年全国交通运输工作会议在交通运输部党校召开。
	31 日	国家标准《城市轨道交通运营指标体系》(GB/T 38374—2019）发布。

附录 2　国外典型国家和地区运输发展情况

第一节　美国道路运输发展情况

一、概述

1. 交通运输量情况

2019 年 12 月，美国货运 TSI[1] 为 135.5，同比降低 0.8%，较 2009 年同比增长 33.2%；客运 TSI 为 134.2，同比增长 3.5%，较 2009 年同比增长 22.7%。2009—2019 年美国 TSI 波动曲线如附图 2-1 所示，可以看出货运 TSI 和客运 TSI 的波动趋势大致相同，整体呈现出上升趋势，其中货运 TSI 增长趋势较客运 TSI 更快，美国货运行业在 2009—2019 年发展态势迅猛。

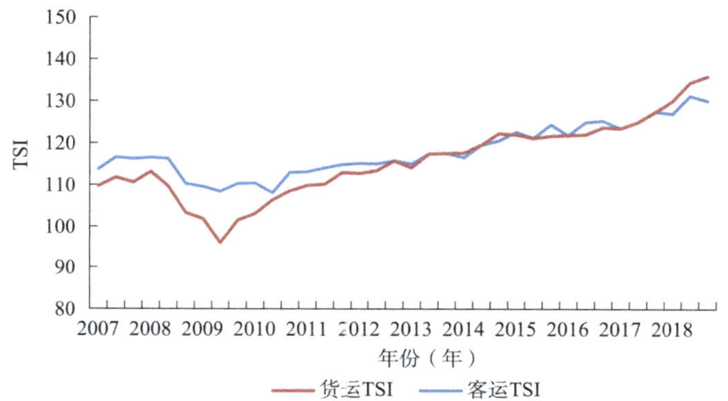

附图 2-1　2009—2019 年美国 TSI 波动曲线

2019 年，美国各种运输方式运价指数均呈现上升趋势，航空运输、铁路运输、水路运输、道路运输以及管道运输运价指数分别为 233.3、197.8、143.6、146.4 和 210.4，分别同比增长了 3.69%、2.97%、4.74%、2.23% 和 3.16%。2010—2019 年不同运输方式运价指数变化趋势如附图 2-2 所示。

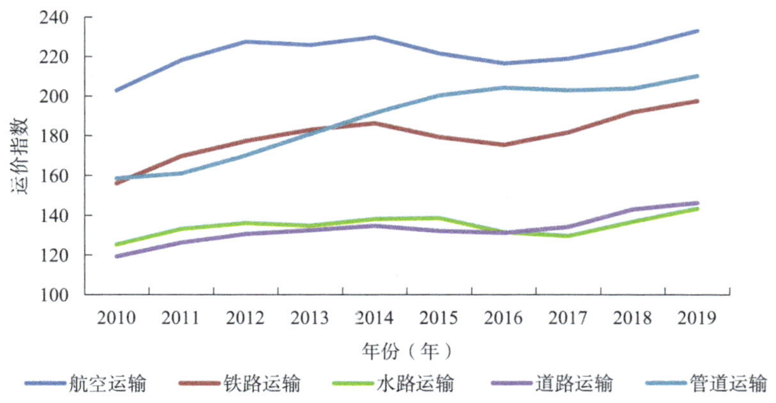

附图 2-2　2010—2019 年不同运输方式运价指数变化趋势

[1] TSI(Transportation Services Index, 运输服务指数）是由美国交通运输部、交通运输统计局提出，用来衡量营运企业服务产出的月度变化。TSI 可分为货物运输和旅客运输两方面进行计算，其中货运 TSI 包括铁路货运服务（包括公铁联运等）、内陆水运、管道运输和空运；客运 TSI 包括城市公共交通、城际客运铁路和旅客航空运输。

2. 交通支出情况

2018 年，美国每个家庭在交通方面的支出为 9761 美元，比 2017 年多出 185 美元，占家庭税前收入的 12.4%，同比降低 0.6 个百分点。如附图 2-3 所示，1996—2018 年，交通支出整体表现呈不断增加趋势，交通支出占税前收入的比例呈下降趋势。

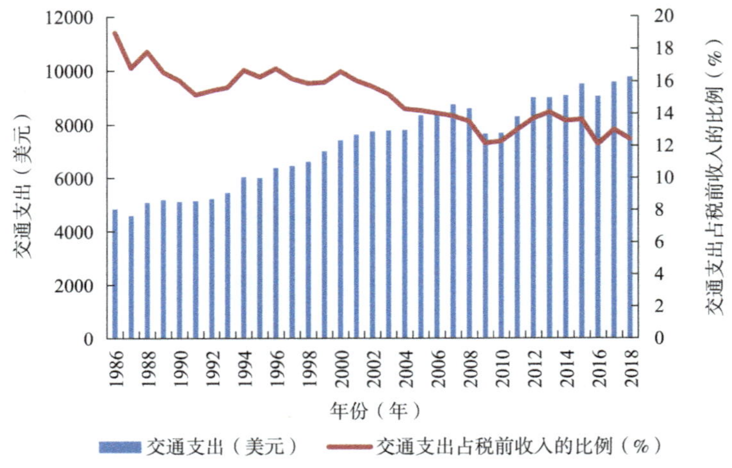

附图 2-3　1986—2018 年美国交通支出和收入的关系

2018 年，平均家庭支出为 61390 美元，其中交通支出所占比例为 15.9%(附图 2-4)，车辆购置支出占交通支出的 40.7%，同比降低 1.6 个百分点，燃油支出和其他车辆费用分别占交通支出的 21.6% 和 29.3%，而公交和其他交通方式的支出只占 8.4%。

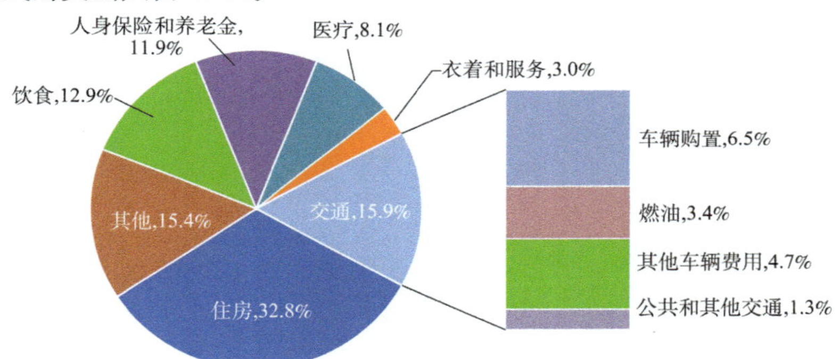

附图 2-4　2018 年美国家庭支出构成

2018 年，交通总成本为 18490 亿美元，占 GDP 的 9.0%，同比增长 0.2 个百分点，如附图 2-5 所示。交通总成本占 GDP 的比例从 10% 以上减少到 10% 以下，交通运输效率有所提升。

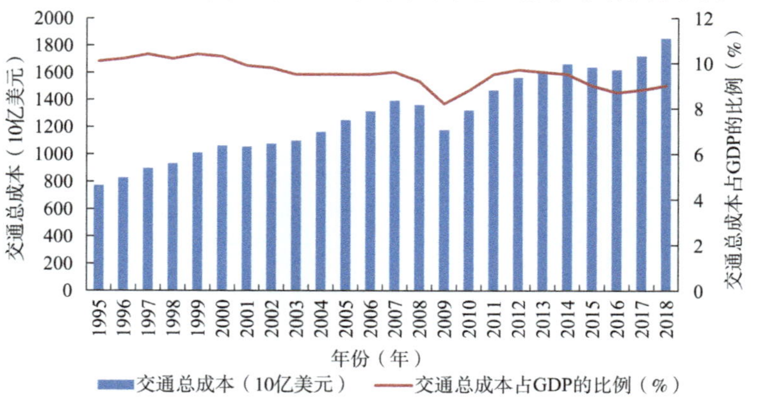

附图 2-5　1995—2018 年美国交通总成本和 GDP 的关系

2018 年底，美国零售柴油价格为 3.0 美元 / 加仑（注：1 加仑≈ 3.785 升），同比增长 5.0%，较 2007 年增长 18.1%；零售汽油价格为 2.3 美元 / 加仑，同比下降 6.1%，较 2007 年下降 0.6%。2007—2018 年美国燃油价格的波动情况如附图 2-6 所示，可以看出零售柴油和零售汽油的波动趋势大致相同，其中 2008 年、2011—2015 年有明显的涨幅。

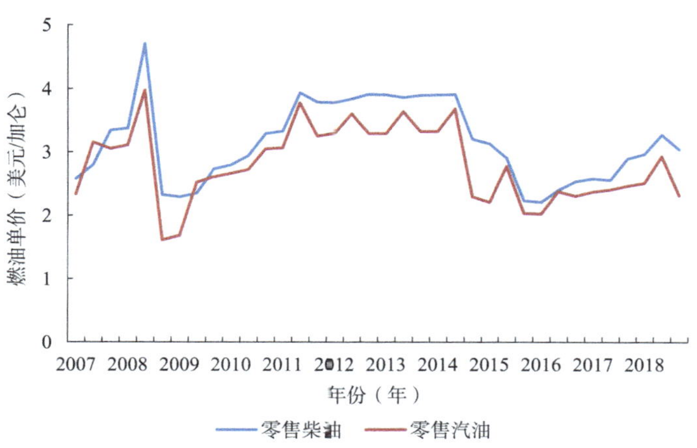

附图 2-6 2007—2018 年美国燃油价格波动曲线

3. 交通安全情况

2018 年，美国道路安全形势波动较大，2018 年美国道路死亡人数为 36560 人，较 2008 年减少了 863 人，占比 2.3%，受伤人数为 274.5 万人，比 2008 年增加了 38.9 万人，增加了 16.5%，上涨幅度较大。2018 年，小客车事故引起的死亡人数和受伤人数分别为 12775 人和 152.9 万人，小客车事故造成的死亡人数占交通事故死亡人数的比例最高，具体数据见附表 2-1 和附表 2-2。

美国2008年和2018年交通事故死亡人数（单位：人） **附表2-1**

交通事故类型	2008 年	2018 年
小客车事故	14646	12775
摩托车事故	5312	4985
轻型载货汽车事故	10816	9922
重型载货汽车事故	682	885
公共汽车事故	67	43
行人事故	4414	6283
自行车事故	718	857
其他事故	768	810

美国2008年和2018年交通事故受伤人数（单位：万人） **附表2-2**

交通事故类型	2008 年	2018 年
小客车事故	130.8	152.9
摩托车事故	9.6	8.9
轻型载货汽车事故	77.3	93.7
重型载货汽车事故	2.4	4.0

续上表

交通事故类型	2008 年	2018 年
公共汽车事故	1.6	1.2
行人事故	6.9	7.1
自行车事故	5.2	5.0
其他事故	1.8	1.7

4. 道路拥堵情况

随着人们出行次数的增加，交通拥堵日益严重，美国日均拥堵延误时间高居不下（附图 2-7）。2018 年，美国日均拥堵延误时间为 4 小时 16 分钟，与 2017 年数据基本持平。

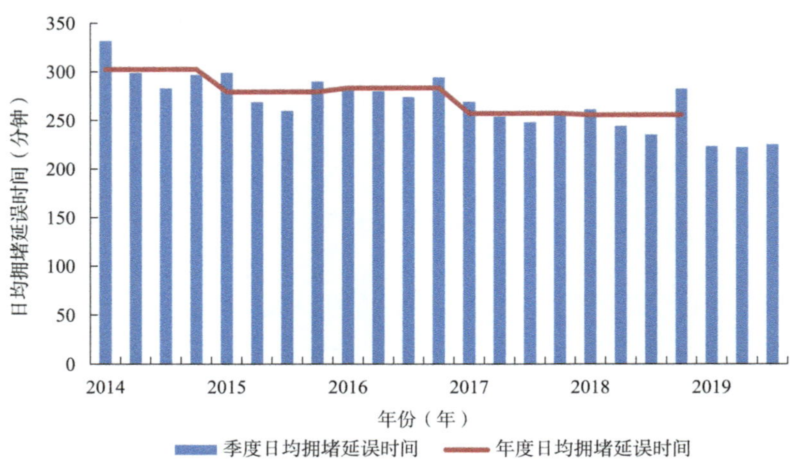

附图 2-7　2014—2019 年美国通勤汽车平均延误时间情况

5. 运输能耗情况

能源消耗主要包括工业、交通、居住和商业方面的消耗，其中工业上的能源消耗最大，交通上的能源消耗量排第二位。如附图 2-8 所示，交通能源消耗逐年增加，2018 年交通能源消耗了 28.5 千兆英热单位，同比增长了 1.6%，上涨势头逐渐平缓趋于稳定。交通消耗的能源有石油、天然气和可再生资源，石油仍是交通消耗的主要能源，占比 91.7%，同比降低 0.4%(附图 2-9)，天然气消耗占比 3.1%，有轻微上升趋势，整体能源结构变动幅度不大，能源利用的结构仍需进一步优化。

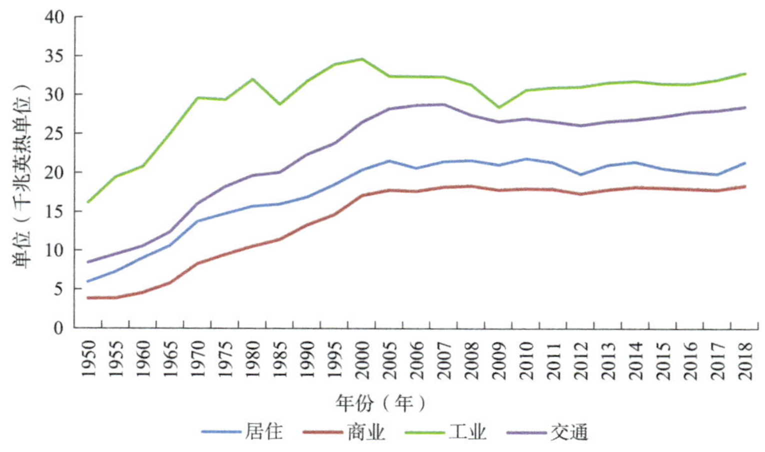

附图 2-8　工业、交通、居住和商业历年能源消耗量

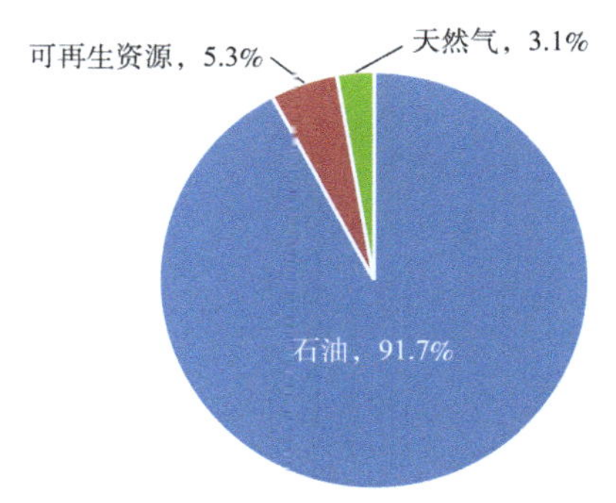

附图 2-9 2018 年交通行业消耗的能源构成

二、货物运输绩效

美国的货运业发展稳步发展。2018 年产值达到 189080 亿美元，比 2012 年增长 6.6%，其中道路运输产值为 129750 亿元，占总数的 68.6%。2018 年货运量 186.2 亿吨，货物周转量 84506.7 亿吨公里，较 2012 年分别增长 9.8%、7.6%，其中道路运输货运量为 119.2 亿吨，占总货运量的 64%。道路货物运输在所有运输方式中占主导地位。

2019 年，美国铁路多式联运运量为 1377 万 TEU，同比下降 5.1%。2012—2019 年，美国卡车吨位指数逐年上升，年均增长率为 4.1%。

具体数据见附表 2-3、附表 2-4、附图 2-10~ 附图 2-12。

美国2012年和2018年货运产值及变化情况（单位：亿美元） **附表2-3**

运输类型	2012 年	2018 年	变化率(%)
道路运输	122160	129750	6.2
铁路运输	7210	7820	8.5
水路运输	4310	5450	26.5
航空运输	6740	5930	-12.0
管道运输	13250	15330	15.7
多式联运	21220	22650	6.7
其 他	2410	2150	-10.8
合 计	177300	189080	6.6

美国2012年和2018年货运量及变化情况（单位：亿吨） **附表2-4**

运输类型	2012 年	2018 年	变化率(%)
道路运输	107.0	119.2	11.4
铁路运输	18.0	17.8	-0.8
水路运输	6.6	8.4	27.4
航空运输	0.1	0.1	-14.3
管道运输	30.3	33.5	10.4
多式联运	4.2	5.0	20.6
其 他	3.4	2.2	-35.4
合 计	169.5	186.2	9.8

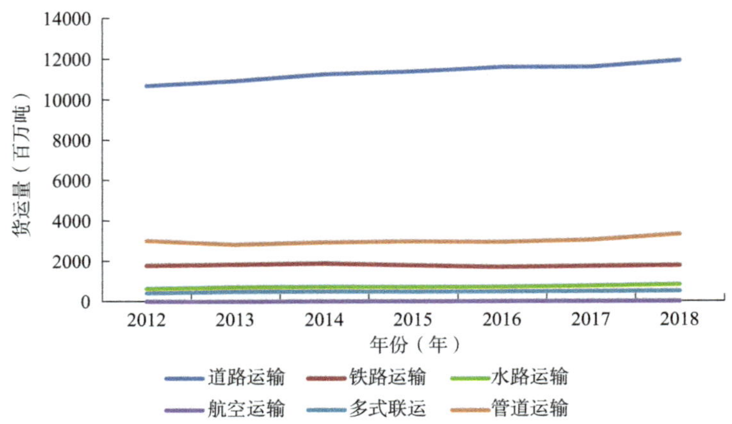

附图 2-10　2012—2018 年不同运输方式完成的货运量变化趋势

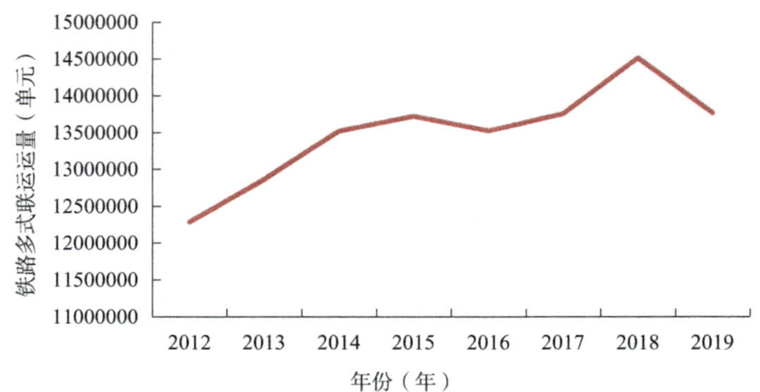

附图 2-11　2012—2019 年铁路多式联运量变化趋势

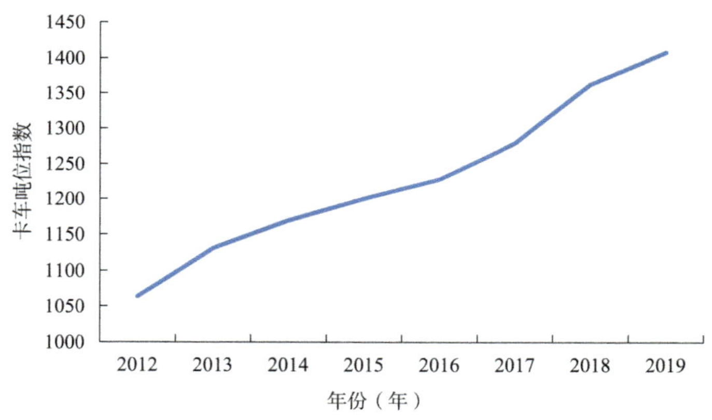

附图 2-12　2012—2019 年卡车吨位指数变化趋势

根据国际物流分析咨询机构——美国 SJ 咨询机构发布的 2019 年世界物流企业 50 强名单，2019 年全球 50 家最大物流供应商的收入增长速度与 2018 年相比大幅放缓。2019 年第三方物流总收入增长了 2.1%，达到 3460 亿美元，同比下降 11.9 个百分点。其中，进入排名前 50 强的美国企业 20 家、德国企业 6 家、日本企业 6 家（附图 2-13），中国企业为中国外运 (Sinotrans) 和嘉里物流 (Kerry Logistics)。2019 年，中国外运年收入 6.3 亿美元，同比下降 12.0%；嘉里物流年收入 3.7 亿美元，同比增长 14.8%。2019 年世界物流企业 50 强名单见附表 2-5。

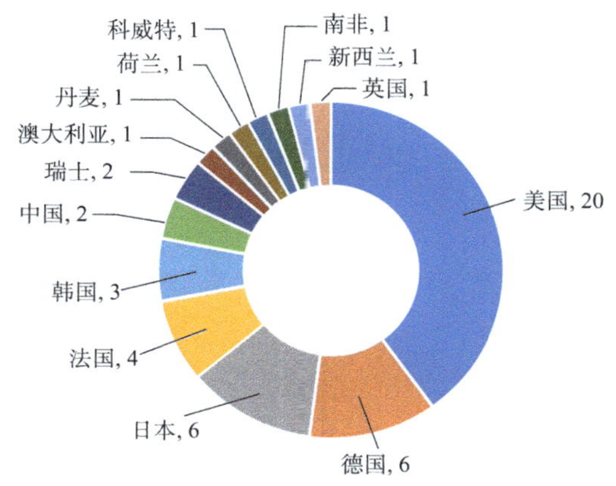

附图 2-13 2019 年世界物流企业 50 强所在国分布

2019年世界物流企业50强名单 **附表2-5**

2019 年排名	公 司 名 称	总部所在国 / 地区	2019 年收益（百万美元）	同比增长率（%）
1	亚马逊 (Amazon)	美国	53761	25.8
2	敦豪 (DHL)	德国	31991	–4.3
3	德迅 (Kuehne&Nagel)	瑞士	25458	0.4
4	辛克物流 (DB Schenker)	德国	18343	–4.9
5	日本通运 (Nippon Express)	日本	18306	1.3
6	罗宾逊全球物流 (C.H. Robinson)	美国	14322	–7.7
7	德斯威 泛亚班拿 (DSV Panalpina)	丹麦	14197	13.5
8	XPO 物流 (XPO Logistics)	美国	11294	–4.5
9	美国联合包裹运送服务公司 (UPS)	美国	9302	–5.2
10	约翰尼·布莱恩·亨特 (J.B.Hunt)	美国	8776	6.8
11	康捷空国际 (Expeditors International)	美国	8175	0.5
12	超捷物流 (Dachser)	德国	7272	–5.1
13	基华物流 (CEVA Logistics)	瑞士	7124	–3.2
14	波洛莱 ((Bolloré)	法国	6651	–6.2
15	中国外运 (Sinotrans)	中国	6283	–12.0
16	乔达集团 (SNCF Geodis)	法国	5727	–2.3
17	捷富凯 (Gefco)	法国	5639	3.2
18	近铁集团 (Kintetsu Worldwide Express)	日本	5091	–5.2
19	雷诺斯 (Rhenus&Co.)	德国	4620	2.4
20	日本邮船 (NYK Group)	日本	4431	–8.2
21	三星数据系统 (Samsung SDS)	韩国	4158	4.5
22	智傲物流 (Agility Logistics)	科威特	4127	–1.6
23	瑞德 (Ryder)	美国	3969	6.4
24	希杰物流 (CJ Logistics)	韩国	3815	14.8
25	嘉里物流 (Kerry Logistics)	中国香港	3731	14.8
26	枢纽集团公司 (Hub Group)	美国	3668	–0.4

续上表

2019年排名	公司名称	总部所在国/地区	2019年收益(百万美元)	同比增长率(%)
27	拓领集团 (Toll Group)	澳大利亚	3554	-7.9
28	联邦快递 (FedEx)	美国	3535	-3.3
29	总品质物流 (TQL)	美国	3400	-5.6
30	泛韩物流 (Pantos)	韩国	3397	3.8
31	创思普莱斯 (Transplace)	美国	3200	10.9
32	施奈德物流 (Schneider National)	美国	3108	-2.6
33	汉宏物流 (Hellmann Worldwide Logistics)	德国	2866	-4.4
34	马士基 (Maersk)	荷兰	2862	-1.9
35	百运达国际货运代理 (BDP International)	美国	2790	11.4
36	山九株式会社 (Sankyu)	日本	2632	0.8
37	潘世奇物流 (Penske Logistics)	美国	2369	8.0
38	回声全球物流 (Echo Global Logistics)	美国	2185	-10.4
39	日立交通 (Hitachi Transport)	日本	2097	-10.5
40	快尔车业 (NFI Industries)	美国	1880	3.7
41	飞格 (Fiege)	德国	1792	-2.0
42	中法兴 (ID Logistics)	法国	1718	3.3
43	全球快递/联运 (Worldwide Express/Unishippers)	美国	1695	5.9
44	骑士捷运 (Knight-Swift)	美国	1675	-9.7
45	帝国物流 (Imperial Logistics)	南非	1631	-13.8
46	沃纳 (Werner)	美国	1534	4.2
47	全球特兰 (GlobalTranz)	美国	1500	7.1
48	温坎顿 (Wincanton)	英国	1469	-4.8
49	迈辉国际物流 (Mainfreight)	新西兰	1393	-0.1
50	大和商务物流 (Yamato-BIZ Logistics)	日本	1300	-5.6

三、旅客运输绩效

2017年，交通运输完成的旅客周转量为100352.5亿人公里，其中道路运输完成的旅客周转量为88552.8亿人公里，完成总量的88.2%，占比同比增长1.7个百分点，航空运输、铁路运输旅客周转量分别为11165.9亿人公里、33.8亿人公里，分别占比11.1%、0.7%。总体上看，美国道路客运发展稳定，年旅客周转量保持在平稳状态。

道路出行一直深受美国居民的青睐，是美国居民出行最主要的交通方式，其中道路运输方式主要分为轻型车辆、摩托车、卡车和公共汽车，这4种运输方式所完成的旅客周转量分别为77509.6亿人公里、376.3亿人公里、4789.3亿人公里和5877.6亿人公里，占道路运输的比例分别为87.5%、0.5%、5.4%和6.6%。2012—2017年不同运输方式完成的旅客周转量变化趋势如附图2-14所示。

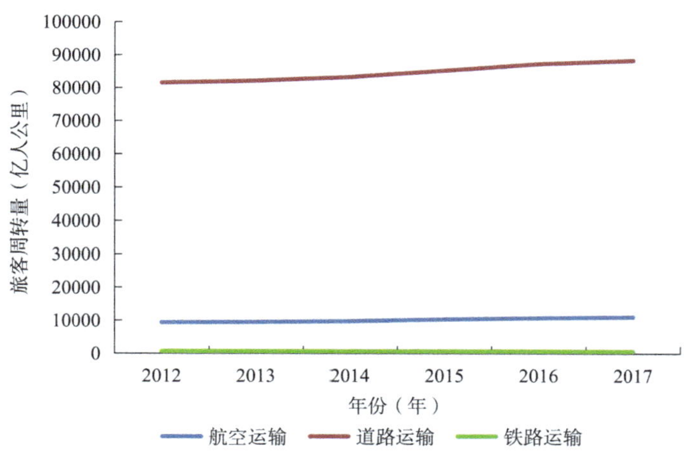

附图 2-14　2012—2017 年不同运输方式完成的旅客周转量变化趋势

2019 年，美国道路客运车辆行驶里程总数达 52607.1 亿车公里，同比增长了 0.9%。2017 年，美国道路客运车辆中轻型车辆、摩托车、卡车和公共汽车分别完成行驶里程 46297.0 亿车公里、324.2 亿车公里、4788.3 亿车公里和 277.2 亿车公里，占道路客运车辆行驶里程总数比例为 89.6%、0.6%、9.3% 和 0.5%。2000—2019 年道路客运车辆行驶里程变化趋势如附图 2-15 所示。

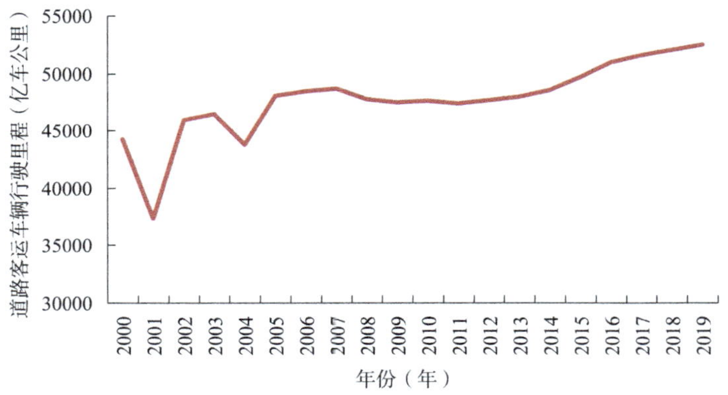

附图 2-15　2000—2019 年道路客运车辆行驶里程变化趋势

2019 年，美国公共交通客运量达 98.7 亿人次，同比增长 0.2%(附图 2-16)。2018 年，美国 16 岁及 16 岁以上的工作人员中，其中 76.3% 的通勤人员选择自驾出行，同比下降 0.1 个百分点；9.0% 的人员选择拼车出行，同比上涨 0.1 个百分点。选择私家车出行的一共占到 85.3%，如附图 2-17 所示。在美国选择轻型汽车出行的人员仍为主体。

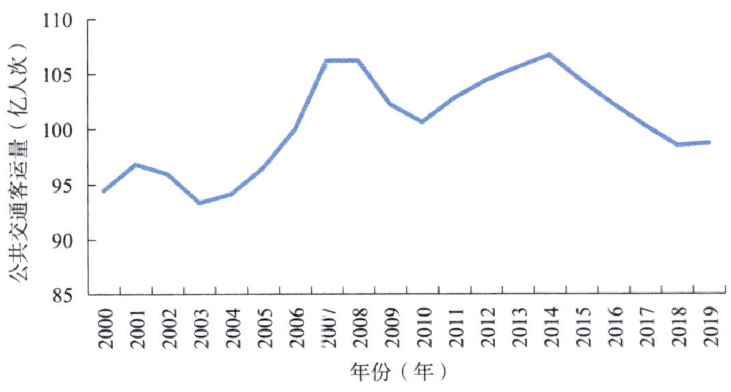

附图 2-16　2000—2019 年公共交通客运量变化趋势

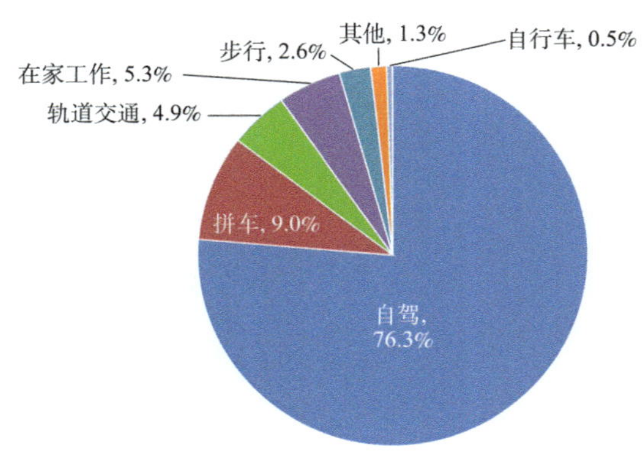

附图 2-17　2018 年美国通勤人员出行方式分布

四、道路运输行业就业情况

2018 年，美国运输行业从业人员共 1450.8 万人，同比上涨 9.3%，较 2008 年上涨 9.6%。运输及仓储行业从业人员为 541.9 万人，同比上涨 4.9%，较 2008 年增加 20.1%，其中道路从业人员为 149.2 万人，比 2008 年增加 10.3 万人，占运输及仓储从业人员的 27.5%。除运输及仓储行业就业增加较快外，其他方面就业呈现出不同程度的减少或小幅度增加，说明运输及仓储方面的需求越来越大。具体数据见附表 2-6。

美国2008年和2018年交通行业就业情况（单位：万人）　**附表2-6**

分　类		2008 年	2018 年
运输及仓储行业从业人员		451.3	541.9
1	航空	49.1	50.1
2	铁路	23.1	21.4
3	水路	6.7	6.5
4	道路	138.9	149.2
5	轨道和地面运输	42.3	48.8
6	管道	4.2	4.9
7	景区	2.8	3.4
8	辅助活动	59.2	71.2
9	快递邮政方面	57.3	72.5
10	仓储	67.7	114.0
运输相关制造业		193.8	200.1
其他与运输相关产业		511.2	561.4
邮电业		74.7	60.9
政府部门		89.5	86.5
总计		1323.3	1450.8

五、道路运输基础设施建设

2017年，美国交通网络进一步发展，路网总长度为2514.0万公里，同比增长0.5%，较2007年增加4.2%。其中，道路网总长为2080.6万公里，占交通网络总长度的82.8%，远高于其他方式的路网规模，可见道路网络在美国是非常发达的。具体数据见附表2-7。

美国2007年和2017年路网规模（单位：万公里）　　**附表2-7**

路网规模	2007年	2017年	变化率（%）
道路	2009.6	2080.6	3.5
管道	377.6	409.1	8.3
铁路	18.7	18.4	–1.3
城市轨道	1.6	1.9	13.9
水路	4.0	4.0	0.0
合计	2411.5	2514.0	4.2

2004—2018年，道路质量逐年改善，如附图2-18所示。2018年，道路质量保持稳定，62%的道路路面处于良好状态，比2004年高10个百分点，比2010年高2个百分点。

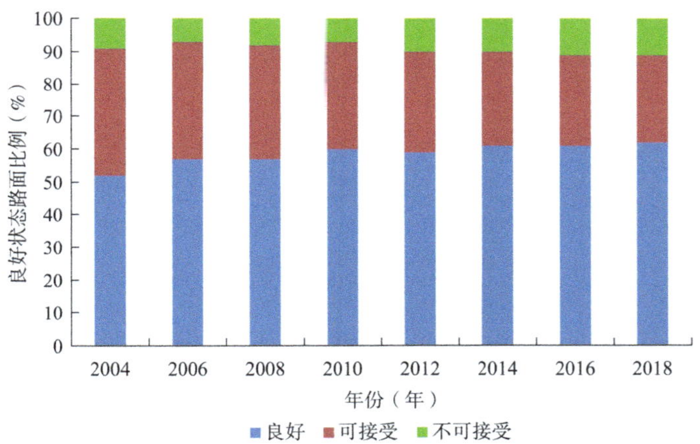

附图2-18　2004—2018年美国道路路面质量情况

2017年，美国不同类型的车辆均有所增加，轻型车辆约为25055.3万辆，同比增长1.2%，较2007年增长6.3%；重型载货汽车约为1222.9万辆，同比增长6.4%，较2007年增长13.74%；摩托车约为871.5万辆，同比增长0.4%，较2007年增长22.1%。具体数据见附表2-8。

美国2007年和2017年运力规模情况（单位：万辆）　　**附表2-8**

车辆类型	2007年	2017年	变化率（%）
轻型车辆	23567.8	25055.3	6.3
重型载货汽车	1075.2	1222.9	13.7
摩托车	713.8	871.5	22.1
合计	25356.9	27149.8	7.1

第二节 欧洲联盟道路运输发展情况

一、概述

1. 交通运输量增长

经过二十多年的发展，欧洲联盟（以下简称“欧盟”）综合交通网络规模不断扩大、结构更趋合理，有效支撑了各个成员国的经济社会发展。2017 年，货物周转量达到 37307 亿吨公里，其中道路货物周转量占总量的 50.1%；旅客周转量达到 69133 亿人公里，其中道路旅客周转量占总量的 80.1%。货物周转量在 2003—2007 年高速增长，然而受到金融危机等外界不确定因素的影响，在 2008 年和 2009 年大幅下降，近 7 年内小幅回升；旅客周转量呈平稳增长趋势。2000—2017 年欧盟旅客、货物周转量及 GDP 变化趋势如附图 2-19 所示。

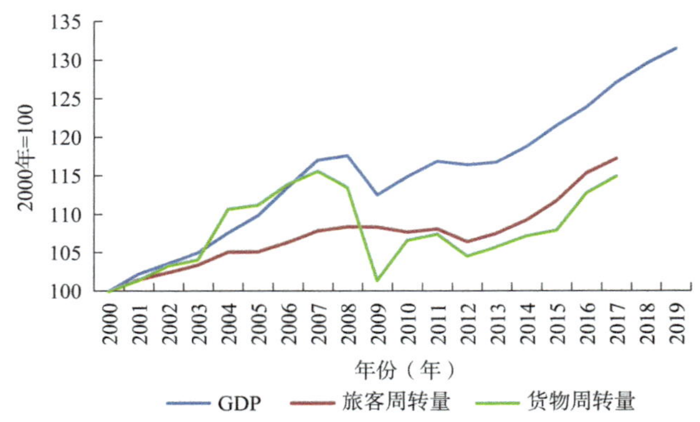

附图 2-19 欧盟 2000—2017 年旅客周转量、货物周转量、GDP 增长趋势（以 2000 年为基准）

2. 交通运输业吸纳就业人数情况

根据欧盟委员会提供的最新完整数据，2017 年，交通运输与仓储服务业的从业人数约 1170 万人，占社会总就业人数的 5.3%，其中，从事地面运输（道路运输、铁路运输和管道运输）的从业人员占 53%，从事水路运输（航运和内河运输）的从业人员占 2%，从事航空运输的从业人员占 3%，从事仓储支持类运输活动（例如货物装卸、存储和辅助活动）的从业人员占 26%，从事邮政快递活动的从业人员占 16%。

3. 家庭支出情况

2017 年，欧盟家庭单元在交通运输有关项目上的开支总量约 10892.8 亿欧元（折合人民币约 82977 亿元），占家庭消费总支出的 13%。其中，29% 的支出（约 3133.9 亿欧元，折合人民币 23873.3 亿元）用于购买运输装备，50% 的支出（约 5417.6 亿欧元，折合人民币 41269.7 亿元）用于个人运输装备的维护（例如燃料供给等）；其余 21% 的支出（约 2341.4 亿欧元，折合人民币 17836 .1 亿元）用于购买运输服务（例如支付车、船、飞机票费用）。2017 年欧盟家庭单元在交通运输有关项目上的开支情况见附表 2-9。

2017年欧盟家庭单元在交通运输相关项目上的开支情况 **附表2-9**

项　　目	交通运输开支	细　　目			交通运输开支占家庭总支出的比例	平均每人运输支出
		购买运输设备	个人运输设备维护	购买运输服务		
单位	亿欧元	亿欧元			%	欧元
数额	10892.8	3133.9	5417.6	2341.4	13.0	2100

4. 运输安全

道路：2017 年，欧盟范围内共有 25256 人因道路事故死亡（包括重伤 30 天内死亡的人员），同比减少 1.5%。相较于 2001 年，2015 年道路事故造成死亡人数已经减少超过一半（–53.3%），这表明自 21 世纪以来欧盟在各成员国大力倡导提升道路安全方面已经取得了巨大成效。

铁路：2017 年，全欧盟共有 15 名乘客因铁路事故死亡。这项统计数据不包括偶然因素导致死亡的铁路职工及其他人员。

航空：2017 年，无人因航空事故死亡。

5. 交通运输行业总增加值

就欧盟所有成员国而言，2017 年交通运输与仓储服务行业产生的增加值为 6750 亿欧元，占总增加值的 5%。这项指标只统计向社会提供交通运输以及与运输有关服务的企业。

6. 总结

总的来看，道路运输在欧盟综合交通运输体系中发挥着基础性、主导性作用。道路运输完成货物周转量及旅客周转量所占比例分别为 50.1% 和 80.1%，在各种运输方式中名列首位；家庭消费方面，用于购买运输装备和维护装备的支出占家庭消费比例约 13%，乘坐私家车仍然是欧盟居民较为青睐的出行方式。然而，道路运输安全生产形势相对严峻，2017 年因道路事故死亡人数远高于铁路事故，因此通过改善道路交通安全从而提高综合交通体系的安全性仍然有较大空间。

二、货物运输绩效

2018 年，道路运输仍然是欧盟主要的货物运输方式，全年道路货运量达 148.1 亿吨，同比下降 0.7%，占欧盟总货运量的 74.0%，水路运输、铁路运输和航空运输的货运量依次为 35.3 亿吨、16.6 亿吨和 0.2 亿吨，占比分别为 17.6%、8.3% 和 0.1%。近十年来，欧盟不同运输方式完成的货运量变化趋势较为平稳，运输结构也较为稳定，未见太大变化。2010—2018 年不同运输方式完成的货运量变化趋势如附图 2-20 所示。

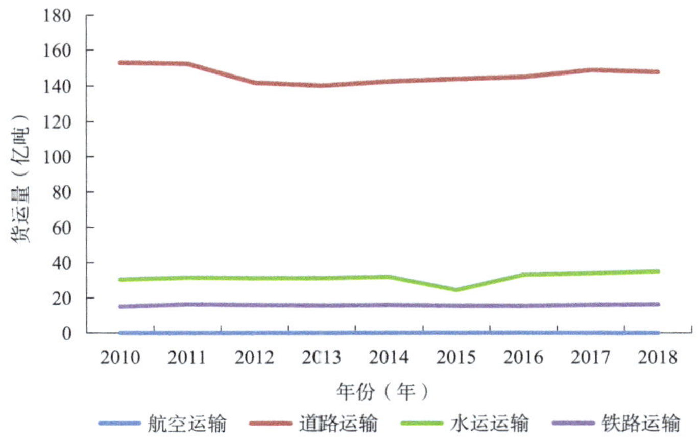

附图 2-20 2010—2018 年不同运输方式完成的货运量变化趋势[1]

2017 年，全欧盟范围内货物运输周转量为 37307 亿吨公里。这项统计数据只包含联盟内运输，不包含跨区域国际运输。道路、沿海航运、铁路、内陆水运、管道和民航完成货物周转量分别占总量的 50.1%、31.5%、11.3%、3.9%、3.1% 和 0.1%。在欧盟官方资料中，货物运输绩效主要是通过货物周转

[1] 由于欧盟各国的统计数据没有全部公开，欧盟统计局也没有对各国货运量的完整汇总数据，故此处不同运输方式完成的货运量仅为原欧盟 28 国中公开数据的国家的货运量的汇总，与实际数据存在误差。

量进行表达。1995—2017 年，道路运输和沿海航运占据全欧货物运输的主导地位，2017 年道路运输和沿海航运完成的货物周转量分别为 18701 亿吨公里和 11759 亿吨公里；铁路运输完成货物周转量则多年保持在 4000 亿吨公里水平；内河、管道运输完成货物周转量维持在 1000 亿～1500 亿吨公里；航空运输完成货物周转量则保持在 25 亿吨公里左右。1995—2017 年不同运输方式完成的货物周转量及变化趋势如附图 2-21 所示。

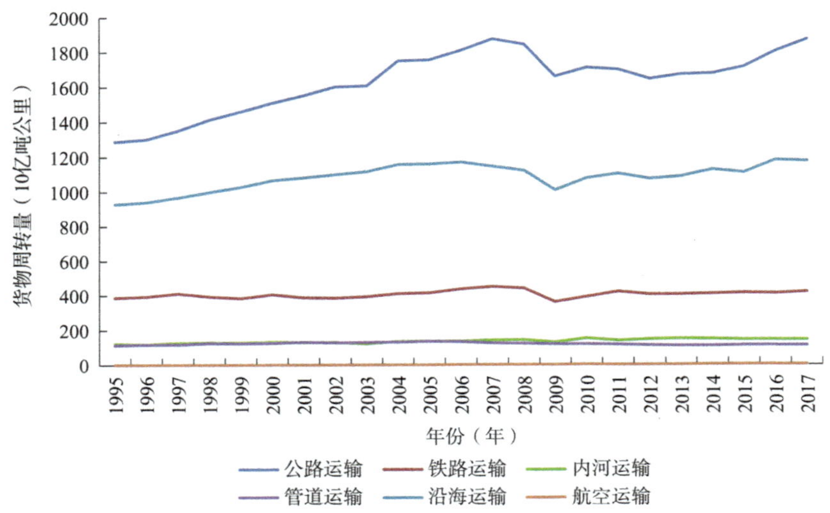

附图 2-21　欧盟 1995—2017 年不同运输方式完成的货物周转量及变化趋势

从模式分担来看，道路运输完成的货物周转量占总量比例维持在 45% 以上，2017 年道路运输货物周转量比例为 50.1%，相较上一年有 0.8% 增幅。2017 年，沿海航运和内河运输完成的货物周转量占总量比例分别为 31.5% 和 3.9%，同比分别下降 0.8 个百分点和 0.1 个百分点。2010—2017 年不同运输方式完成的货物周转量占比情况如附图 2-22 所示。

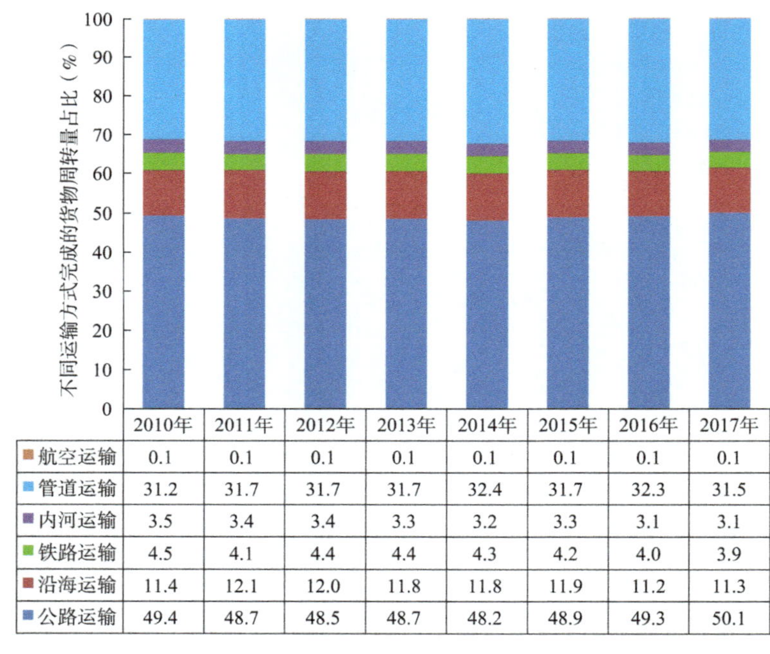

	2010年	2011年	2012年	2013年	2014年	2015年	2016年	2017年
航空运输	0.1	0.1	0.1	0.1	0.1	0.1	0.1	0.1
管道运输	31.2	31.7	31.7	31.7	32.4	31.7	32.3	31.5
内河运输	3.5	3.4	3.4	3.3	3.2	3.3	3.1	3.1
铁路运输	4.5	4.1	4.4	4.4	4.3	4.2	4.0	3.9
沿海运输	11.4	12.1	12.0	11.8	11.8	11.9	11.2	11.3
公路运输	49.4	48.7	48.5	48.7	48.2	48.9	49.3	50.1

附图 2-22　2010—2017 年欧盟不同运输方式完成的货物周转量占比情况

三、旅客运输绩效

2017 年，全欧盟范围内采用机动化运输方式完成的旅客周转量达到 69132 亿人公里，折合人均旅客周转量 13497 公里。这项统计数据只包含联盟内运输，不包括跨区域国际运输。客运小汽车（含机动二轮车）、航空、客运班线、铁路、轨道交通和沿海航运完成旅客周转量分别占总量的 70.9%、11.2%、9.1%、6.8%、1.6% 和 0.4%。

在欧盟官方资料当中，旅客运输绩效主要是通过旅客周转量进行表达。2017 年，全欧盟营运客车完成道路旅客周转量约 55076 亿人公里，同比增长 0.2%，其中私人汽车完成旅客周转量 49014 亿人公里，同比增长 1.5%；公交车及班线完成旅客周转量 5104 亿人公里，同比减少 7.5%；电动双轮车（Powered Two-Wheels）完成旅客周转量 1233 亿人公里，同比减少 2.4%。1995—2017 年不同运输方式完成的旅客周转量及变化趋势如附图 2-23 所示。

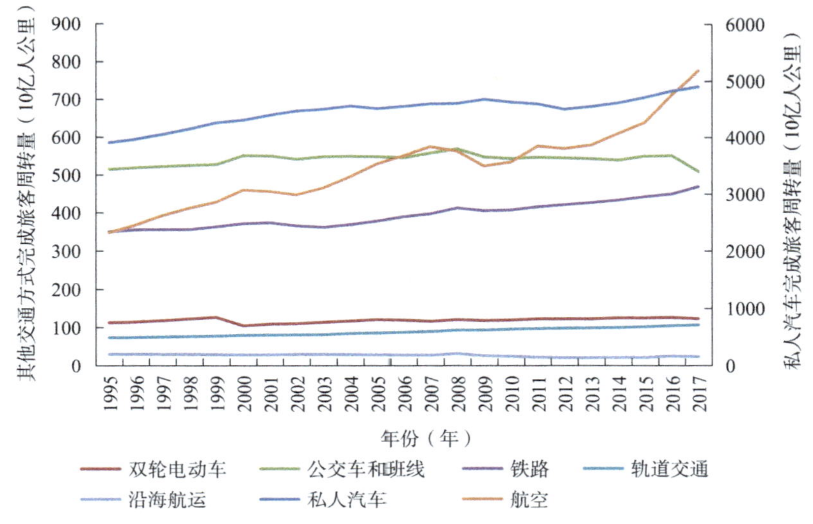

附图 2-23 1995—2017 年欧盟不同运输方式完成的旅客周转量及变化趋势

欧盟对陆地运输（Surface Transport）中各种运输方式完成客运周转量情况进行了统计分析。2017 年，私人汽车完成的旅客周转量占陆地运输总量比例为 80.19%，表明私人汽车在陆地旅客运输体系中发挥基础性作用；公交车和班线完成的旅客周转量占总量的 8.35%；铁路和轨道交通完成的旅客周转量占总量比例分别为 7.69% 和 1.75%；电动双轮车完成的旅客周转量占总量的 2.02%。2017 年陆地运输体系中不同运输方式完成的旅客周转量的占比情况如附图 2-24 所示。

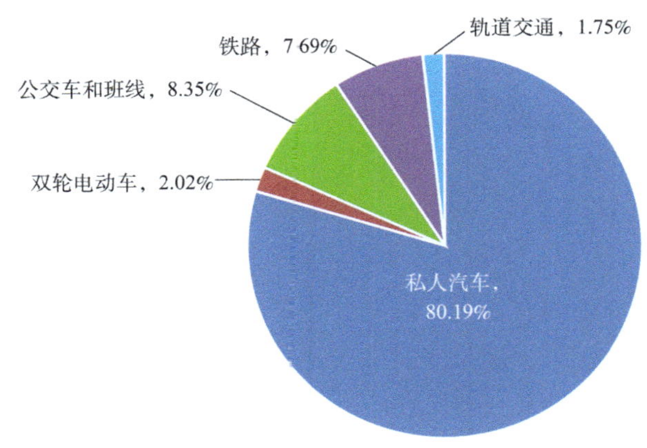

附图 2-24 2017 年欧盟陆地运输体系中不同运输方式完成的旅客周转量占比情况

四、道路运输行业市场构成

截至2016年底，全欧盟道路运输企业数量为121.9万户，同比上涨5.0%。其中从事道路货物运输的企业数量为58.9万户，同比上涨3.2%；从事道路旅客运输的企业数量为39.0万户，同比增长5.0%；从事仓储和相关服务的企业数量为15.9万户，同比增长7.2%；从事邮政和快递的企业数量为8.1万户，同比增长14.6%，邮政快递企业数量与上一年相比增长幅度较大。2016年欧盟道路运输企业构成及数量如附图2-25所示。

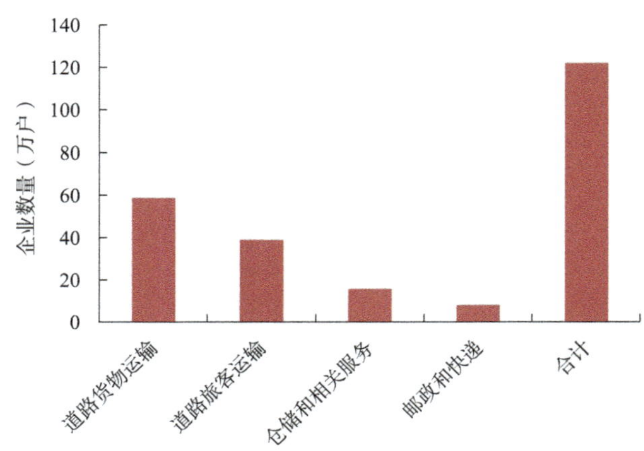

附图2-25　2016年欧盟道路运输企业构成及数量

截至2016年底，全欧盟道路运输从业人员为1005.2万人，同比增长3.4%。其中从事道路货物运输的人员数量为323.5万人，同比增长5.5%；从事道路旅客运输的人员数量为207.5万人，同比增长0.9%；从事仓储和相关服务的人员数量为290.9万人，同比增长4.7%；从事邮政和快递的人员数量为183.3万人，同比增长0.4%。2016年欧盟道路运输从业人员构成及数量如附图2-26所示。

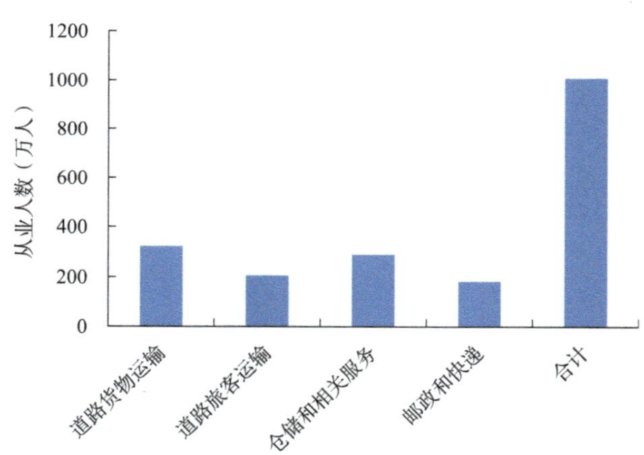

附图2-26　2016年欧盟道路运输从业人员构成及数量

2016年，道路运输行业实现营业收入11449.9亿欧元，同比增长1.4%，其中道路货物运输实现收入3369.3亿欧元，同比增长0.9%；道路旅客运输实现收入1415.9亿欧元，同比增长1.3%；仓储和其他辅助活动实现收入5396.8亿欧元，同比增长1.4%；邮政和快递实现收入1267.8亿欧元，同比增长3.5%。相比而言，仓储和其他相关活动实现收入的增幅情况高于货运、客运及邮政和快递等子领域。2016年道路运输行业实现营业收入情况如附图2-27所示。

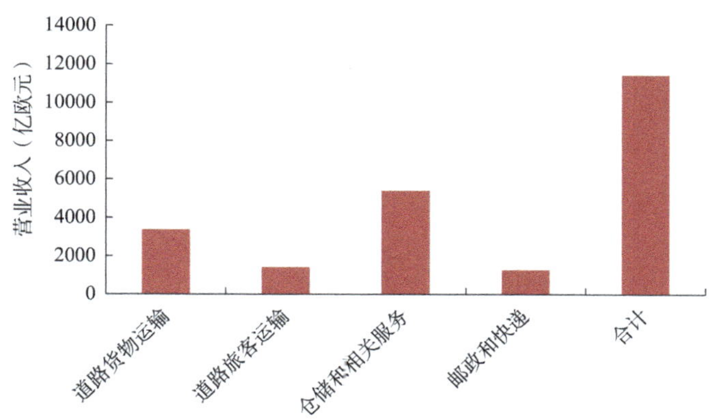

附图 2-27　2016 年欧盟道路运输行业实现营业收入情况

2017 年，全欧盟范围内共有私人汽车存底 26421.4 万辆，同比增长 1.8%；公交车及长途汽车存底 85.9 万辆，同比增加 1.1%；货车（商用车）存底 3838.8 万辆，同比增加 2.0%；电动双轮车存底 3511.8 万辆，同比增加 3.2%。2017 年欧盟道路运输运力构成及规模见附表 2-10。

2017年欧盟道路运输运力构成及规模（单位：万辆）　　**附表2-10**

类　　型	2016 年	2017 年	同比变化（%）
私人汽车	25948.7	26421.4	1.8
公交车及长途汽车	85.0	85.9	1.1
货车（商用车）	3762.7	3838.8	2.0
电动双轮车	3378.9	3511.8	3.2

2018 年，全欧盟范围内共有新注册私人汽车 1516.2 万辆，同比增加 0.17%；新注册公交车及长途汽车 4.16 万辆；新注册货车（商用车）245.9 万辆，同比增长 3.4%，其中，新注册轻型（载质量小于 3.5 吨）货车 207.5 万辆，同比增加 3.4%；新注册中型（载质量大于 3.5 吨且小于 16 吨）货车 10.66 万辆，同比增长 0.2%；新注册重型（载质量大于 16 吨）货车 27.8 万辆，同比增加 5.8%。可以看出，货车（商用车）新增运力呈现轻型化发展趋势。2018 年欧盟道路运输行业新注册车辆数量及同比变化情况见附表 2-11。

2018年欧盟道路运输行业新注册车辆数量及同比变化情况（单位：万辆）　　**附表2-11**

类　　型		2017 年	2018 年	同比变化（%）
私人汽车		1513.6	1516.2	0.17
公交车及长途汽车		4.18	4.16	-0.4
货车（商用车）		237.8	245.9	3.4
按载质量分	轻型（<3.5 吨）	200.9	207.5	3.3
	中型（3.5 ~ 16 吨）	10.65	10.66	0.2
	重型（>16 吨）	26.3	27.8	5.8

五、交通运输基础设施建设

截至 2017 年底，欧盟铁路营业里程、等级公路里程、高速公路里程、内河航道里程、油气运输管道里程分别达到 21.7 万公里、481.7 万公里、7.7 万公里、4.2 万公里和 3.6 万公里，铁路营业里程、等级公路里程在世界上各主要经济体中处于领先地位（附表 2-12）。从人均路网资源占有情况来看，人均铁路营业里程为 0.4 米，在各主要经济体中排第 3 位，人均公路里程 9.4 米，在各主要经济体中排第 2 位（附表 2-13）；从路网密度来看，铁路密度、公路密度、高速公路密度分别为 4.9 公里 / 百平方公里、107.7 公里 / 百平方公里、1.7 公里 / 百平方公里，在各主要经济体中排第 2 位（附表 2-14）。

2017年欧盟与其他主要经济体综合交通网络规模和结构对比（单位：万公里） **附表2-12**

指　标	欧盟	美国	日本	中国	俄罗斯
等级公路里程	481.7	447.4	100.3	433.9	117.1
高速公路里程	7.7	9.5	0.9	13.6	5.2
铁路营业里程	21.7	20.3	1.9	12.7	8.7
电气化铁路里程	11.7	—	1.2	4.4	4.4
内河航道里程	4.2	4.0	—	12.7	10.1
油气运输管道里程	3.6	34.7	—	11.9	5.3

2017年欧盟与其他主要经济体综合交通网络人均资源对比（单位：米/人） **附表2-13**

指　标	欧盟	美国	日本	中国	俄罗斯
人均等级公路里程	9.4	13.8	7.9	3.1	8.1
人均高速公路里程	0.2	0.3	0.1	0.1	0.4
人均铁路营业里程	0.4	0.6	0.2	0.1	0.6
人均内河航道里程	0.1	0.1	—	0.1	0.7

2017年欧盟与其他主要经济体综合交通网络密度对比（单位:公里/百平方公里） **附表2-14**

指　标	欧盟	美国	日本	中国	俄罗斯
等级公路密度	107.7	46.5	265.3	45.2	6.9
高速公路密度	1.7	1.0	2.4	1.4	0.3
铁路密度	4.9	2.1	5.1	1.3	0.5
内河航道密度	0.9	0.4	—	1.3	0.6

附录 3 图表目录

图 目 录

表目录

LIST OF FIGURES

LIST OF TABLES